Alter/n ist großartig

Man muss nur wissen wie.

Britta Zangen

Britta Zangen (geb. 1947 in Düsseldorf) arbeitete zunächst als Modezeichnerin, kam zum Studium über die „Zulassung zum Hochschulstudium ohne Reifezeugnis", erwarb das Erste und Zweite Staatsexamen in Englisch und Französisch und leitete anschließend die Internationale Bibliothek und das Lern- und Trainingszentrum der Volkshochschule Düsseldorf. Mit Anfang 40 kehrte sie an die Universität Düsseldorf zurück, um in Anglistik zu promovieren, und arbeitete dort mehrere Jahre als Lehrbeauftragte für englische Literatur.
Zahlreiche Veröffentlichungen in Literatur und Frauenforschung, sowie die Sachbücher *50 plus und endlich allein, Wenn Eltern auseinandergehen* und *Bedingungslos menschlich: Ehrenamtliche im Einsatz*. Siehe www.britta-zangen.de

Alter/n ist großartig

Man muss nur wissen wie.

Britta Zangen

www.buecken-sulzer-verlag.de

Layout und Satz: Alexander Bücken
Covergestaltung: Sandra Fritsch Grafikdesign
Autorenporträt: Christine Sommerfeldt
Titelfoto: Gilbert Houa

Druck und Bindung
Print Group Sp. zo.o; Szczecin;Poland

ISBN 9783947438099

Inhalt

Worum es geht 7
Altwerden 15
Das Gemüt 23
Blick zurück 43
Kontakte 58
Aktivitäten 75
Religion 94
Liebe und Sex 110
Der Kopf 121
Anstrengung 138
Der Körper 169
Gesundheit 186
Der Tod 204

Worum es geht

> Das Alter aber hat die Heiterkeit dessen, der eine lange getragene Fessel los ist und sich nun frei bewegt.
>
> *Arthur Schopenhauer*

Mein kleiner Bruder ist Physiker. Dadurch hat er berufliche Kontakte mit der halben Welt und ich besuche ihn gern dort. Außerdem ist er wohlerzogen und hält es daher für seine Pflicht, seine (ziemlich selbstständige) große Schwester vor den Unbilden dieser Welt zu beschützen. Vor meinem Besuch bei ihm in Israel versorgte er mich deshalb mit zig Namen, Telefonnummern, Adressen und schärfte mir ein, nur ja den israelischen Sicherheitsbehörden nicht vorlaut gegenüberzutreten. Außerdem hatte ich an beiden Enden des Fluges je drei Stunden Zeit für die Überprüfung einzuplanen.

Ich hätte es besser wissen können. Was, hat er gedacht, würde der israelische Geheimdienst denken, schmuggelt eine weißhaarige alte Dame aus Deutschland nach Israel? Feinstes afghanisches Opium? Angereichertes usbekisches Uran? Sturmgewehre deutscher Maschinenbaukunst? Ich schritt sowohl in Berlin als auch in Tel Aviv gänzlich unbehelligt durch die Kontrollen und saß dann stundenlang dumm herum.

Ich sage immer, wenn es weiße Haare nicht gäbe, müsste man sie erfinden. Auch in der Türkei. Ich stehe an einer Bushaltestelle in Izmir als Letzte in einer Traube von Menschen. Der Bus kommt, die Traube stürzt sich auf die Tür beim Fahrer und drängt sich ungeordnet hinein. Bis man mich wahrnimmt. Und so wie sich einst das rote Meer teilte, so teilt sich die Menge vor mir, um mich zuerst einsteigen zu lassen und mir einen Sitzplatz zu garantieren.

In Palermo hatte ich meinem Reiseführer zwar entnommen, dass ich vor dem Busfahren eine Fahrkarte hätte lösen sollen, aber ich wusste nicht wo und beschloss daher, es so zu versuchen. Ich strecke dem Busfahrer also drei Euromünzen entgegen, woraufhin er mir erwartungsgemäß erklärt, dass er die nicht nehmen dürfe. Ich setze ein möglichst bedröppeltes Gesicht auf, was den erwarteten Erfolg zeitigt: Er winkt mich durch. Der ganze Bus diskutiert nun laut, dass die *Signora* das natürlich nicht hatte wissen können und natürlich mitfahren dürfe, ohne sich des Betrugs schuldig zu machen. Auf meine diesbezügliche Frage diskutieren die Fahrgäste dann noch, wo ich am besten umsteigen würde und bestimmt eine junge Frau, die die *Signora* auf dem schwierigen Weg des Umsteigens eskortieren würde.

Jetzt sage noch irgendjemand, Altsein wäre nicht großartig. Es wird uns eine Narrenfreiheit zugestanden, die weidlich auszukosten sich lohnt.

Schon einmal, vor etwa 15 Jahren, fand ich etwas unerwartet großartig: Ich war gerade 54 Jahre alt geworden, als ich zu meiner eigenen Überraschung zu der Erkenntnis kam, dass das Alleinleben eine wunderbare Lebensform für Menschen – vor allem für Frauen und vor allem im mittleren Alter sei.

Auf meine Ankündigung, deshalb fürderhin allein bleiben zu wollen, reagierte mein Freundeskreis skeptisch bis ablehnend, bestenfalls mit einem wohlwollenden „Na ja, das sagt sie jetzt halt so, bis sie wieder einen Mann findet". Und so warteten sie jahrelang vergeblich auf die frohe Botschaft. Je mehr ich mein Alleinsein genoss, je skeptischer mein Umfeld darauf reagierte, desto mehr wuchs in mir die Überzeugung, irgendjemand müsse die Menschen – vor allem die weiblichen – auf diese Alternative hinweisen. Ich kannte viele Menschen – wiederum vor allem Frauen –, die aus welchen Gründen auch immer im mittleren Alter allein geblieben waren und das ganz schrecklich fanden. Je mehr ich diesen Frauen zusah und zuhörte, desto mehr wuchs in mir die Überzeugung, irgendjemand müsse einmal versuchen, ihnen klarzumachen, dass das Alleinleben keineswegs so schrecklich ist, wie allgemein unterstellt wird; dass es im Gegenteil reichlich Vorteile birgt oder doch bergen kann. So entstand in meinem Kopf das Projekt *50 plus und endlich allein*, bevor ich noch ein einziges Wort geschrieben hatte.

Der Erfolg des Buches überraschte meinen Verleger ebenso wie mich. Offenbar hatte ich einen Nerv getroffen. Das Thema musste in der Luft gelegen haben, denn es schien, als rennte ich überall offene Türen ein. Eine Freundin von mir ist bis heute der festen Überzeugung, ich habe den Begriff „50 plus" erfunden und er sei erst nach der Veröffentlichung meines Buches überall benutzt worden.

Anders als bei den Frauen und Männern in meinem Freundeskreis war der Tenor der

Leserinnen und Zuhörerinnen bei zahlreichen Lesungen weit überwiegend zustimmend. Nirgends begegnete mir ein „Das sagt die doch jetzt bloß, bis sie wieder einen gefunden hat". Oder auch die Unterstellung, ich machte mir selbst etwas vor. Im Gegenteil, die Reaktionen ließen sich so zusammenfassen: Ich empfinde das genauso wie Sie, ich habe mich aber nie getraut, es laut zu sagen; toll, dass es mal eine tut. Zudem fanden die Frauen viele meiner Beobachtungen des täglichen Beziehungslebens absolut zutreffend.

Zu meiner Überraschung meldete sich aber auch bei fast jeder Lesung eine Frau in ihren Dreißigern zu Wort, die schon zu der Erkenntnis gekommen war, dass das Alleinleben zahlreiche Vorteile berge. Und, ja, ich habe auch von männlichen Zuhörern und Lesern Rückmeldungen bekommen. Aber nicht nur sehr viel weniger, sondern auch anderen Inhaltes. Der Tenor war hier: Jetzt weiß ich endlich, woran meine Beziehungen gescheitert sind – eine Erkenntnis, die mich in dem Zusammenhang ebenfalls überraschte. Denn Aufklärung in diesem Sinne zu betreiben, hatte nicht in meiner Absicht gelegen.

Aber es hatte auch nicht in meiner Absicht gelegen, die latent vorhandenen Überlegungen der Frauen zu stärken. Ich hatte während des Schreibens überhaupt nicht an diejenigen gedacht, die das Alleinsein im fortgeschrittenen Alter ebenso wie ich schon zu schätzen gelernt hatten, aber vielleicht noch nicht so weit waren, es sich und ihrem Umfeld einzugestehen. Ich hatte vielmehr an diejenigen gedacht, die ein Problem mit dem Alleinsein haben und denen – so fand ich – mal jemand sagen müsse, welche Vorteile es hat oder doch zumindest haben kann.

Wenn ich mich jetzt hinsetze, um erneut in einen Dialog mit Ihnen zu treten, gibt es wieder ein paar Überzeugungen und Betrachtungen, von denen ich glaube, dass sie einfach einmal ausgesprochen werden müssten. Die Triebfeder ist also wieder die gleiche: Ich kenne eine ganze Reihe von Frauen und Männern zwischen 60 und 80 Jahren, die das Altwerden und das Altsein ganz fürchterlich finden. So fürchterlich, dass ihnen diese Grundhaltung die Laune verdirbt und sie nicht mehr in der Lage sind, die für mich unbezweifelbaren Vorteile dieses Lebensabschnittes zu sehen. Wieder wuchs in mir die Überzeugung, es müsse ihnen mal jemand sagen.

Nun bin ich gespannt, wer sich dieses Mal von mir angesprochen fühlt: Diejenigen, die ebenso wie ich das Alter zu schätzen gelernt haben und nur jemanden brauchten, die es für sie in klare Worte fassen würde, oder diejenigen, an die ich eigentlich beim Schreiben denke: diejenigen, die ein Problem mit dem Älter- und Altwerden haben. Und denen mal jemand sagen müsste, wie befreiend, wie großartig das Alter ist.

Mir hat kürzlich jemand erzählt, dass der 67-jährige Wolfgang Niedecken, Gründer der Kölner Rockband BAP, einem Interviewer sinngemäß gesagt haben soll: „Jeder, der mir erzählt, es wäre toll, alt zu werden, der lügt." Herrn Niedecken widersprechen zu müssen, tut mir jetzt ehrlich leid, denn ich schätze ihn. Aber ich finde wirklich, dass das Alter Vorteile hat. Und nicht zu wenige. Sollten

Sie daran zweifeln, erlauben Sie mir, Ihnen diese im Folgenden aufzuzeigen. Vielleicht kann ich Sie dazu bewegen, die Dinge ein wenig positiver zu sehen.

Um einen Punkt vorab anzusprechen: Der größte Vorteil des Alters ist meines Erachtens die Freiheit. Die Freiheit, weitgehend das tun zu können, was uns gefällt. Oder auch: nicht (mehr) das tun zu müssen, was uns nicht gefällt. Das Wort „Freiheit" empfinde ich überhaupt als ausschließlich mit meinem späteren Leben verbunden. In jungen und mittleren Jahren sind die Zwänge des privaten und des beruflichen Lebens so groß, dass von Freiheit keine Rede sein kann – auch dann nicht, wenn wir uns eingebildet haben, freie Entscheidungen zu treffen.

Vor allem aus diesem Grund waren die vergangenen 15 Jahre die besten meines ganzen Lebens. Ich weiß, das ist eine sehr starke Aussage, aber ich halte sie aufrecht. Manchen Menschen ist es wahrscheinlich vergönnt, schon früher ihre beste Zeit zu haben. Nicht alle Menschen leben im falschen Leben. Aber viele Menschen leben zumindest im nicht ganz richtigen. Manche Menschen legen sich gar nicht Rechenschaft darüber ab, ob das Leben, das sie leben, das ihre ist; oder ob sie vielleicht in einer anderen Art Leben zufriedener geworden wären. Ich hätte das früher auch nicht gewusst – was wahrscheinlich einer der Gründe ist, warum ich mein Leben mit 70 so wunderbar finde.

Diese Freiheit betrifft nicht nur die großen Entscheidungen unseres Lebens – vielleicht sogar diese am wenigsten. Sie betrifft vor allem die täglichen kleinen Entscheidungen. Eine Freundin hat mir gerade erzählt, dass sie dieser Tage mit Vorliebe gegen 14:00 Uhr eine Weile liest. Weil sie das als unbeschreiblichen Luxus empfindet, hat sie ein wenig gebraucht, sich selbst diesen Luxus zu gestatten. Bis ihr klar wurde, dass sie ihn sich – im vollen Wortsinn – verdient hat: Ihr ganzes Leben hat sie gearbeitet und jetzt erntet sie die Früchte dieser Arbeit.

Jetzt erntet sie! Ja, hat ein anderer Freund gesagt, jetzt sei die Zeit der Ernte. Er war in seinem berufstätigen Leben ein sehr engagierter Lehrer. Jetzt erntet auch er die Früchte seiner lebenslangen Arbeit: Immer wieder einmal lassen seine Schüler und Schülerinnen ihn am Erfolg ihrer Leben – an denen er einen nicht unerheblichen Anteil hat – teilhaben. Für die Uneingeweihten, so besagt ein jüdisches Sprichwort, sei das Alter der Winter, für die Eingeweihten hingegen die Erntezeit des Lebens. Um im Bild zu bleiben: Wir sind im Herbst unseres Lebens, nicht im Winter.

Die Freiheit, die der Herbst unseres Lebens uns bringt, ist diejenige, die es uns erlaubt, uns nicht mehr anpassen zu müssen. Das Angepasstsein, das gerade uns Mädchen und Frauen als Tugend verkauft wurde, hat uns eher selten im Leben weitergebracht. Es sei ein Bumerang, sagt die Schweizer Professorin für Volkswirtschaft Monika Bütler in der Zeitschrift *Emma*. Man habe uns suggeriert, es bringe uns weiter, in Wirklichkeit aber habe es uns behindert. Jetzt lassen wir uns nicht mehr länger hindern – von nichts und niemandem. Jetzt sind wir alt, tragen – einem

Gedicht von Jenny Joseph mit dem bezeichnenden Titel „Warnung“ folgend – einen lila Mantel mit einem roten Hut, geben unsere Rente für Brandy aus, drücken Alarmknöpfe und lernen zu spucken. Mit dem Angepasstsein ist jetzt ein für allemal Schluss!

Nein, ich möchte Sie nicht nun endlich zur Revoluzzerin oder zum Revoluzzer machen (obgleich das keine schlechte Karriere für einen alten Menschen wäre). So auffällig muss das nicht sein. Aber Mut möchte ich Ihnen schon machen, Mut, nun endlich Ihr eigenes Leben zu leben. Das tun zu können, ist der größte Vorzug des Alters.

Altwerden

> Das Alter, das man haben möchte, verdirbt das Alter, das man hat.
>
> *Paul Heyse*

„Deutsche haben Angst vor dem Alter“ überschrieb meine Tageszeitung im Februar 2018 einen Artikel. Laut einer repräsentativen Studie freuten sich nur vier Prozent der Deutschen auf das Alter. Einer der Gründe dafür: Sie machten sich ganz falsche Vorstellungen ihrer Risiken. So werde zum Beispiel das Risiko, an Demenz zu erkranken, weit überschätzt, dasjenige, durch Rauchen zu früh zu sterben, hingegen unterschätzt. Das heißt, so scheint mir, wir sollten uns mit offenen Augen dem Problem stellen.

Wann beginnt Altwerden eigentlich? Rein biologisch betrachtet spätestens mit 20, aber das meine ich natürlich nicht. Überspringen wir die frühe Lebensmitte und beginnen wir mit den anrüchigen 50er-Jahren. Mit 50 plus hielten sich die körperlichen Anzeichen des Älterwerdens bei den meisten von uns noch sehr im Rahmen. Es zwickte mal hier, mal dort, besonders natürlich im berüchtigten Rücken und in den Knien; das Treppensteigen fiel ein wenig schwerer; ohne Lesebrille ging gar nichts mehr; stundenlanges Durchschlafen wurde seltener; eine durchzechte Nacht rächte sich tagelang; die Figur war nicht mehr die, die sie einmal gewesen war; die Falten im Gesicht waren bei der morgendlichen Toilette nicht mehr zu übersehen; das Haar war weder in Farbe noch in Fülle mit früher zu vergleichen; und es passierte eher selten, dass uns Frauen die sprichwörtlichen Bauarbeiter noch hinterherpfiffen bzw. eine Frau den Männern schöne Augen machte. Aber im Großen und Ganzen konnten die meisten von uns so tun, als sei das Altwerden noch weit von uns entfernt. Und viele taten es auch.

Wenn wir uns hingegen der 60 nähern, wird das Verleugnen des Älterwerdens schwieriger. Wenige Wochen vor meinem 60. Geburtstag musste ich mir den ersten Zahn meines Lebens ziehen lassen (wörtlich gemeint natürlich; übertragene Zähne habe ich mir im Laufe meines Lebens – wie wohl beinahe alle Menschen – dutzendfach ziehen lassen müssen). Mein Zahnarzt, der meine jährlichen Besuche bei ihm über viele Jahre mit einem scherzhaften „Leider wieder nichts!" zu kommentieren pflegte, lachte dieses Mal schallend. Im Vergleich, versicherte er mir, hätte ich außergewöhnlich gute Zähne. Er meinte das tröstlich – aber was nützen mir die schlechten Zähne anderer Leute! Meine waren offensichtlich im Begriff, sich von mir zu verabschieden, und ich fand das gar nicht komisch. Auf den Schock hin musste ich mir beim Spanier um die Ecke gleich zwei Tassen Kaffee genehmigen. Der Kellner, der sich schon einmal dazu hatte hinreißen lassen, meine Lebensfreude zu rühmen, sah mich schweigend mitleidig an. Glücklicherweise fragte er mich nicht nach der Ursache meines Kummers, denn ich habe den Verdacht, auch er hätte mich ausgelacht. Ich traue mich kaum, Ihnen zu gestehen, dass es sich bei dem Zahn nur um einen –

wie der Zahnarzt mir versichert hatte – ganz und gar unnötigen Weisheitszahn handelte.

Ein halbes Jahr später – also nun nach der magischen 60 – bekam ich die erste Krone meines Lebens, was mich wieder genauso schockierte wie der erste verlorene Zahn. Dann hatte mein rechtes Knie mehrere Aussetzer, beruhigte sich glücklicherweise aber wieder, bevor ich irgendetwas unternehmen musste. (Ich gehe immer erst zu einer Ärztin oder zu einem Arzt, wenn ich zu der Überzeugung gekommen bin, es gehe jetzt so nicht mehr weiter. Meistens allerdings finde ich, es geht noch ganz gut so weiter.) Wenig später stand ich in Wuppertal mit einer Freundin zwei geschlagene Stunden für Monet an, danach noch einmal zwei Stunden vor den wunderbaren Bildern, was ich mit einer Woche Nichtstun auf dem Sofa bezahlen musste. Arthrose in den Lendenwirbeln! Na großartig!

Paul Baltes, einer der führenden Altersforscher des 20. Jahrhunderts, teilte das menschliche Leben in vier sogenannte „Lebensalter" ein: Das dritte von vieren ist dasjenige der 60- bis 80-Jährigen. Das ist die Phase also, in der es mir persönlich zwar immer noch vergleichsweise gut geht, aber kein Weg daran vorbeiführt, zur Kenntnis zu nehmen, dass mein Körper nicht mehr der ist, der er einmal war. Ich habe mir angewöhnt, mehr auf seine stummen Signale zu achten: Wenn er müde wird, versuche ich, ihm eine Pause zu verschaffen; den Lendenwirbeln mute ich gar nicht erst zu, länger als zehn Minuten zu stehen; auf ausgedehnten Schlaf verzichte ich nur in extremen Ausnahmefällen, was glücklicherweise nicht schwerfällt, weil ich natürlich längst aus dem Alter heraus bin, in dem mich die Angst umtrieb, irgendetwas zu verpassen.

Obwohl die beschriebenen Veränderungen alle Teil eines ganz und gar natürlichen Prozesses sind, ist es den meisten von uns doch irgendwie peinlich. Manche Menschen scheinen sich sogar dafür zu schämen. Als ob sie schuld daran wären, nicht mehr jung, fit und schön zu sein. Es verdrießt uns nicht nur selbst, dass wir dieses oder jenes nicht mehr so können wie früher, es ist uns besonders unangenehm, dass andere Menschen es mitbekommen.

Für unser Wohlbefinden erscheint es mir geradezu elementar zu sein, uns von diesem Gefühl der Peinlichkeit und/oder der Scham zu befreien. Natürlich kann ich nicht so tun, als sei es leicht, sich mit den Veränderungen unseres Körpers abzufinden. Wie geht man damit um, wenn zum Beispiel eine Freundin von mir, die immer sehr sportlich war, kaum noch ohne Schmerzen längere Zeit laufen kann? Die aufgezwungene Unbeweglichkeit drückt verständlicherweise auf ihr Gemüt.

Ich selbst habe lange Zeit gut reden gehabt. Nein, das stimmt so nicht. Ich habe mir lange Zeit eingebildet, gut reden zu haben. Bis zu dem Tag, an dem ich mich zum ersten Mal in meinem Leben im Fernsehen gesehen habe. Ich muss Mitte/Ende 50 gewesen sein. Es war in einer Talkshow und obwohl mein Freundeskreis mit meinem Auftritt zufrieden war, saß ich während der ganzen Übertragung entsetzt vor dem Fernseher. Ich sah mir selbst mit offenem Mund zu und sagte ein über das andere Mal laut: „Gott, Britta, bist du alt geworden!“

Immerhin hatte ich ein paar Monate später die Gelegenheit, herauszufinden, dass es auch unter Maskenbildnerinnen gute und schlechte gibt. Ich erzählte der Zweiten von meiner Erfahrung mit der Ersten und fragte sie, ob sie es möglich machen könnte, dass ich im Fernsehen einfach nur so aussehe wie im richtigen Leben – und nicht noch zehn Jahre älter. Das stand übrigens in krassem Gegensatz zu einer Mitdiskutantin, die die Maskenbildnerin neben uns ausdrücklich bat, sie 20 Jahre jünger aussehen zu lassen. (Was nicht so ganz klappte, aber – das muss der Neid ihr lassen – doch ansatzweise.)

Damals habe ich mich gefragt, was ich einer Maskenbildnerin sagen würde, falls ich noch einmal in den Genuss einer solchen kommen würde. Würde ich nach meiner anfänglich negativen Erfahrung der Versuchung widerstehen können, mich verjüngen zu lassen? Zwar bin ich im richtigen Leben aus Gründen, die ich erklären könnte, gegen alles Gekünstelte. Aber das Fernsehen gibt mir weder die Zeit darzulegen, dass ich finde, wir alle sollten versuchen, in Würde zu altern, noch dass es für mich zu dieser Würde gehört, zu dem Alter zu stehen, in dem wir uns gerade befinden. Würde ich also zulassen können, dass andere Menschen mich für genauso alt hielten, wie ich bin? Oder sogar für älter, weil die Fernsehkameras einem derartig auf die Pelle rücken, dass die gestochen scharfen Bilder jedes Fältchen betonen?

Ich habe schon in *50 plus und endlich allein* argumentiert, dass es wichtig sei, zu seinem Alter zu stehen, um unser aller Vorstellungen vom Alter den neuen Gegebenheiten anzupassen. Will heißen: wenn es uns immer wieder passiert, dass wir für jünger gehalten werden, als wir sind, dann heißt das keineswegs, dass wir objektiv jünger aussehen. Es weist eher darauf hin, dass die Vorstellungen, die die Menschen sich von einem bestimmten Alter machen, nicht mehr der Zeit entsprechen. Eine 60-Jährige von heute ist überhaupt nicht zu vergleichen mit einer 60-Jährigen von vor 20 Jahren, geschweige denn von vor 30 oder 40 Jahren. Diese Tatsache ins Bewusstsein der Menschen zu bringen, kann nur gelingen, wenn wir zu unserem jeweiligen Alter stehen.

Mein unwesentlich älterer großer Bruder sagt immer, er fühle sich viel jünger, als er dem Alter nach sei. Ich hingegen glaube, dass auch seine Vorstellung vom Alter nicht mit der Entwicklung der letzten Jahrzehnte Schritt gehalten hat. Als ich jung war, wurden Frauen und Männer mit 50 und 60 schon als alt empfunden. Das war nicht wirklich verwunderlich, denn sie kleideten sich so, gaben sich so, verkörperten das irgendwie in ihrer Haltung. Wahrscheinlich vermittelten sie damit nur den Eindruck, den sie fühlten: Weil sie sich alt fühlten, verhielten sie sich auch so, und weil sie sich so verhielten, wurden sie auch so betrachtet. Das eine bedingt das andere, wie eine Art Kettenreaktion.

Wir sind die erste Generation, die eine ganz andere Form von Alter lebt und erlebt. Deshalb ist es nicht verwunderlich, dass eine Freundin von mir weder in ihren Großmüttern noch ihrer Mutter ein Vorbild für ihr eigenes Alter sehen kann. Allerdings scheint es da Ausnahmen zu geben, denn einem

Freund von mir ist hingegen die Art, wie seine Mutter mit dem Älter- und Altwerden umging, Vorbild für den eigenen Umgang mit dem Alter. Er erzählt, dass sie ebenso lebenstüchtig und humorvoll ihr Alter meisterte, wie sie zuvor ihr ganzes schweres Leben bewältigt hatte.

Ein anderer Freund von mir hatte im Urlaub eine Frau kennengelernt, mit der er sich eine Woche lang täglich sehr gut unterhalten hatte. Der Freund ist in seinen 50ern. Da ich immer wissen muss, wie alt jemand ist, um mir vor meinem geistigen Auge ein Bild machen zu können, fragte ich nach dem Alter der Frau. Er überlegte eine Weile. Dann sagte er: „Früher hätte ich gesagt: um die 60. Aber das ist heute nicht mehr so. Wahrscheinlich war sie um die 70.“

Genau das! Deshalb finde ich es auch ganz albern, dass es sich irgendwie nicht gehört – insbesondere als Frau – sein Alter zu nennen. Ich nenne mein Alter immer, sobald es irgendwie in die Unterhaltung passt. Ich warte geradezu auf den Zeitpunkt, in dem es in die Unterhaltung passt. Ich wüsste keinen Grund, warum ich daraus einen Hehl machen sollte. Ganz im Gegenteil, ich möchte damit deutlich machen, dass mit der jetzigen Generation der 70-Jährigen noch voll zu rechnen ist.

Aber ich gebe zu, dass die Versuchung, die Wahrheit mithilfe von Farbe (in Gesicht und Haaren) zu vertuschen, groß ist. Umso mehr, wenn Sie eine professionelle Maskenbildnerin zur Hand haben, das kann ich Ihnen sagen! Ich kann zu meiner eigenen Befriedigung aber auch sagen, dass ich nicht schwach wurde, als ich der nächsten

Maskenbildnerin begegnete. Sie erkannte sofort, dass ich „der natürliche Typ“ sei und beließ es bei ein paar wenigen Handgriffen. Dieses Mal war ich mit dem Ergebnis zufrieden – nicht, weil ich mich toll aussehend fand, sondern weil ich später im Fernsehen genau so aussah, wie ich eben inzwischen aussehe. Aber glauben Sie mir, leicht war es nicht, der Versuchung, mich vor aller Augen verjüngen zu lassen, zu widerstehen.

Wenn Sie also gewisse Probleme mit den Veränderungen, die das Älter- und Altwerden mit sich bringen, haben, würde ich mich freuen, unser Gespräch noch ein wenig fortzusetzen. Vielleicht gelingt es mir, Sie etwas milder zu stimmen – gegen sich selbst und gegen all' die anderen, die ohne ihr Zutun und ohne ihren Willen alt geworden sind. Und vergessen Sie nicht: Die buchstäblich einzige Alternative wäre, jung zu sterben. Nicht wirklich eine Alternative, oder?

Das Gemüt

Das liebste Recht jedes Menschen ist sein Recht auf Unglücklichsein.

Thich Nhat Hanh

An welcher Stelle des großen Themas beginnen? Vielleicht können wir uns darauf einigen, dass der Mensch aus Kopf, Leib und Gemüt besteht. Statt Kopf könnten wir ebenso gut Verstand oder Ratio oder Gehirn oder Geist sagen; statt Leib Körper (vielleicht noch Fleisch und Blut); statt Gemüt Herz oder Seele oder Gefühl oder Psyche. Zwar ist es in der westlichen Welt Usus, Kopf und Körper voneinander zu trennen und dem Kopf eine höhere Wertigkeit einzuräumen, jedoch ist diese Zweiteilung ebenso wie die damit einhergehende Gewichtung längst unter Beschuss geraten. Zudem wissen wir inzwischen, dass die Psyche ebenso bedeutsam für unser Wohlbefinden ist wie Kopf und Körper.

Für mich ist dieser Dreiklang im Moment deshalb sinnvoll, weil er dabei hilft, Ordnung in unsere Betrachtungen zu bringen. Ich sehe sie aber alle drei als vollkommen gleichwertig und als miteinander verbunden an. Insbesondere dann, wenn es um unsere Zufriedenheit geht – und um genau die geht es. Denn was nützt einem ein gesunder Kopf in einem kranken Leib; oder ein kranker Kopf in einem gesunden Leib; oder auch ein krankes Gemüt bei gesundem Kopf und Leib? Da wir keine Wahl haben, welches dieser Muster das unsere werden wird, brauchen wir auch nicht darüber zu diskutieren, so scheint mir, mit welchen Beeinträchtigungen sich besser leben ließe. Trachten wir gleichermaßen danach, alle drei so gut es geht in Schwung zu halten, auszulasten und zu befriedigen.

Ich habe mich nach reiflicher Überlegung dazu entschlossen, mit dem Gemüt zu beginnen, weil mir aus langjähriger Beobachtung und Erfahrung scheint, der Zustand unserer Seele sei ganz besonders verantwortlich für unser allgemeines Wohlbefinden, egal in welchem Alter. Auf die Tatsache, dass es einen Zusammenhang zwischen dem Befinden des Körpers und dem Befinden des Gemütes gibt, habe zwar schon Sigmund Freud hingewiesen, so lese ich, jedoch seien nach Freud Jahrzehnte vergangen, bis Mediziner diesen Sachverhalt in der Breite akzeptierten. Heute sei es hingegen unumstritten, dass psychische Konflikte sich in körperliche Beschwerden umwandeln könnten, ja, dass die Psyche krank machen könne. (Jana Hauschild und Claudia Wüstenhagen in der *Zeit online* vom 9. April 2013)

Es mag sein, dass wir nicht körperlich krank an unserem Gemütszustand werden, aber es genügt ja schon, wenn das Unwohlsein am Alter unser Leben negativ beeinflusst. Da fällt mir gerade auf, dass ich, bevor ich fortfahre, vielleicht rechtfertigen muss, den Begriff „wir Alten" überhaupt zu benutzen. Und vielleicht auch noch, ab welchem Alter ich das tue. Unsere Eltern waren beide über 80, als ich sie in einem gemeinsamen Gespräch als alt bezeichnete. Meine Mutter war schockiert, sah ihren Mann beleidigt an und sagte: „Hast du das gehört?! Sie hat uns alt genannt!“ Nun war es an mir, sie entgeistert anzusehen und zu fragen: „Aber wann fängt denn bei dir das Alter an?!“ Ich war damals irgendwas in meinen 50ern. Ich erinnere mich, dass sie damals noch sagte, ich werde schon sehen und meine Sichtweise noch ändern, wenn ich erst selbst so alt sein würde.

Achtzig bin ich zwar noch nicht, aber 70. Und nein, liebe Mutter, ich habe meine Sichtweise nicht geändert. Eher im Gegenteil, soll heißen: Ich bezeichne mich jetzt schon als alt. Nach meiner Vorstellung gibt es eine Kindheit, eine Jugend, ein Mittelalter und ein Alter. Alle vier Stadien ließen sich noch unterteilen. Das Mittelalter lässt sich meines Erachtens beim besten Willen nicht weiter als bis in die 60er-Jahre hinein ausdehnen, auch dann nicht, wenn wir es in ein Früh-, Hoch- und Spätmittelalter einteilen – so, wie wir das im Geschichtsunterricht gelernt haben. Nach dem Spätmittelalter kommt im Leben eines Menschen das Alter. Punkt.

Und warum sollten wir das Mittelalter auch weiter ausdehnen? Was ist so unaussprechlich schlimm daran, alt geworden zu sein? Oder ist es weniger die Tatsache, als die unverblümte Benennung dieser Tatsache? Würde es helfen, wenn ich von Senioren und Seniorinnen spräche? Benutzen wir aus demselben Grund trotz des grammatischen Unsinns das Wort „älter“, wenn „alt“ gemeint ist? Die Erkenntnis, dass es sich bei diesem Sprachgebrauch um Unsinn handelt, verdanke ich der Beobachtung einer Freundin, die in ihrer berufstätigen Zeit Lehrerin war. Eigentlich wird im Deutschen gesteigert: alt, älter, am ältesten

– was bedeutet, dass älter mehr ist als alt. Im allgemeinen Sprachgebrauch kommt „älter“ aber zeitlich vor „alt“. Ich weiß nicht, wie sich dieser Gebrauch hat etablieren können, aber zu dem Warum hätte ich eine Vermutung: Wahrscheinlich wird der Sachverhalt, den das Wort „alt“ umschreibt, als einfach zu unaussprechlich empfunden. Weshalb wir ja auch lieber in eine Seniorenresidenz gehen als in ein Altenheim. Nur, dass uns die Wahl des Wortes weder jünger macht, als wir sind, noch es uns in irgendeiner anderen Weise weiterbringt.

In den letzten Monaten habe ich Gott und die Welt nach ihrer Meinung zum Alter und zum Altern befragt. Ein Aspekt, der dabei auftauchte, hat mich besonders beschäftigt, weil ich selbst nie darauf gekommen wäre: der Neid. Nicht, dass mir persönlich Neid fremd wäre (ich kann mir nicht vorstellen, dass es irgendeinen Menschen gibt, dem Neid in irgendeiner Form fremd wäre), aber im Zusammenhang mit Alter, ja, da ist er mir schon fremd. Die Freundin, die das Thema ansprach, erzählte mir zur Bebilderung folgende Geschichte: Eine Freundin ihrerseits belegte einen Kurs in Tai Chi. Die Freundin ist mittelalt und verfügt über eine gute Körperbeherrschung, für die sie mehr als einmal von der Kursleiterin öffentlich gelobt wurde. Das habe ihr jedes Mal missbilligende Blicke der anderen, älteren Frauen eingebracht und es sei ihr auch nicht gelungen, durch freundlichen Umgang mit den anderen die Missbilligung zu mindern. Sie fühlte sich dadurch so unwohl, dass sie den Kurs vorzeitig abbrach.

Neid – ganz offensichtlich. Neid halte ich allgemein für eine – wenn nicht für die hauptsächliche Eigenschaft von uns Menschen, die unser Miteinander vergällt. Deshalb ist ein Moment des Innehaltens und Hinschauens von Bedeutung. Aus dem Gefühl des Neids heraus entsteht sehr viel Ungutes – in der Familie, in Freundschaften, in Nachbarschaften, zwischen Völkern und Nationen. Nicht selten entdecken wir zwar den Neid bei anderen Menschen, nicht aber den in uns selbst – der berühmte Splitter in des Bruders Auge (im Auge der Schwester ist er auch nicht besser) bzw. der Balken im eigenen.

Beneiden kann der Mensch so gut wie alles: Ein anderer Mensch hat mehr Geld, ein größeres Haus, ein dickeres Auto, mehr Zeit, eine schönere Frau, einen attraktiveren Mann, eine bessere Arbeit, mehr oder nettere Kinder. Und offenbar kann man jemanden auch um sein Alter beneiden. Der Neid auf jemandes Alter ist wahrscheinlich der unsinnigste, weil niemand daran einen Anteil hat. Es hat nichts mit jemandes Fleiß, jemandes Ausbildung, jemandes Herkunft, jemandes Geschicklichkeit, jemandes Intelligenz, jemandes Durchhaltevermögen, nicht einmal mit jemandes Glück zu tun. Es trifft uns alle gleichermaßen, es sei denn, wir würden jung sterben. Wäre es uns das wert gewesen? Ich meine, lieber jung zu sterben, als alt zu werden? Doch wohl nicht.

Die Freundin, die mich auf das Thema Neid brachte, gehört zur mittelalten Generation. Sie erzählte mir auch noch von folgender Beobachtung: Bei schönem Wetter sitzen alte Menschen auf den Parkbänken und sehen den jungen Frauen mit ihren kleinen Kindern griesgrämig beim Spielen zu. Und ebenso griesgrämig sehen sie den jungen Liebespaaren zu. Warum um alles in der Welt griesgrämig? (Das bringt mich darauf, dass es im Englischen den feststehenden Begriff *„a grumpy old man"* gibt. Offenbar ist der – oder die – griesgrämige Alte kein Phänomen unserer Zeit.) Aber warum griesgrämig? Es ist doch etwas sehr Schönes, Menschen in der sogenannten Blüte ihres Lebens zuzuschauen. Wir hatten sie doch auch, diese Blüte. Wir haben doch damals auch den Tag genossen, die Sonne, die Liebe, das Leben. In vollen Zügen.

Oder ist das das Problem? Haben wir es nicht in vollen Zügen genossen? Fehlt uns da noch etwas ganz Wichtiges – etwas, das sich jetzt beim besten Willen nicht mehr nachholen ließe? Dann wäre das allerdings dumm gelaufen. Sehr dumm sogar. Aber diejenigen, die jetzt mit der Jugend dran sind, können ja nun überhaupt nichts dafür.

Unsere Generation verdankt den *Swinging Sixties* und den 68ern sehr viel – wollte ich gerade schreiben. Dabei bin ich, sind viele von uns dazugehörig: 1968 war ich gerade 21 Jahre alt, also genau im richtigen Alter, um auf die Barrikaden zu steigen. Aber zu meinem nachträglichen Bedauern hatte ich absolut nichts damit zu tun. Ich kann mir da keinen Verdienst auf die Fahnen schreiben. Es war eine Minderheit; die allermeisten von uns hatten nichts damit zu tun, das müssen wir heute zugeben. Aber wir sind diejenigen – wir sind auch diejenigen, die davon profitiert haben und immer noch profitieren. Die ganze alte Moral wurde mit Schmackes zum Fenster hinausgekippt. Was man tat, und was man nicht tat, worauf man Wert legte, und worauf man keinen Wert legte, was man sich von den lieben Nachbarn sagen ließ, und was man sich nicht sagen ließ, veränderte sich gewaltig. Eine neue Freiheit des Denkens und daraus folgend des Handelns entwickelte sich. Ja, in manchen Bereichen wurde das Kind mit dem Bade ausgeschüttet. Aber im Großen und Ganzen hat uns diese Revolution zu der modernen, weltoffenen, freiheitlichen Republik gemacht, die wir heute leben und von der sich viele Menschen aus dem Rest der Welt angezogen fühlen.

Kürzlich reagierte Daniel Cohn-Bendit, einer der führenden Köpfe damals, in einem Interview sehr unwirsch auf die Fragen des Reporters nach der Bedeutung von '68. Ich kann mir nur denken, dass er in den letzten 50 Jahren Tausende von Malen danach gefragt worden ist und er einfach genug davon hat. Nach meinem Dafürhalten haben wir alle ungemein von den Umwälzungen jener Jahre profitiert, und ich persönlich bin sehr dankbar dafür.

Vielleicht haben wir aber – rückblickend betrachtet – damals nicht genug Möglichkeiten, die die neue Freiheit uns bescherte, für uns in Anspruch genommen. Vielleicht haben wir uns nicht getraut. Vielleicht tut uns das heute leid. Vielleicht haben wir unseren Zeitpunkt verpasst. Vielleicht würden wir es gerne nachholen wollen – aber das geht nicht mehr. Kalif Omar, ein Nachfolger des Propheten Mohammed, hat das in treffende Worte gefasst: „Gestern, das wäre dein Leben gewesen. Heute ist jemand anderes dran.“

Ist das vielleicht die Ursache für neidvolles Zuschauen? Wenn dem so wäre, wäre das zwar nachvollziehbar, aber Neid scheint mir nicht die zwangsweise Folge zu sein. Neid könnten wir – wenn wir denn bereit wären, uns mit den Balken in unseren eigenen Augen auseinanderzusetzen – hinter uns lassen. Zurück bliebe wahrscheinlich Schwermut. Bedauern. Vielleicht sogar Trauer. Aber das würde dann keinem Menschen, der nichts dafür kann, seine Tage vermiesen.

Sollte diese Traurigkeit zu groß sein, dann wäre zu überlegen, sich therapeutische Hilfe zu holen. Ich weiß, eher wenige Menschen scheinen es für nötig oder auch nur für sinnvoll zu erachten, deswegen zum Therapeuten zu gehen. Nicht wenige Therapeuten sind wohl auch der Meinung, ab einem gewissen Alter ließe sich keine Veränderung mehr bewirken. Einem Bekannten von mir wurde mit dieser Begründung eine Therapie mit Mitte 60 verweigert.

Bei den Fachleuten finde ich hingegen Positives. Das grundsätzliche Ziel der „Therapie gegen Altersdepression“ sei „der (Wieder)Gewinn an Lebensqualität, also einerseits, dass der Betroffene sein bisheriges Leben und die derzeitige Situation akzeptiert und andererseits, dass er lernt, seinen Alltag wieder aktiver und positiver zu gestalten“. (*Neurologen und Psychiater im Netz*)

Altersdepression. Da haben wir zumindest einen Begriff für unser diffuses Unwohlsein. Es macht ja auch Sinn: Wie wir alle wissen, ist Altwerden nichts für Feiglinge. An einer Freundin von mir, die ich aufgrund der großen Entfernung nur so ungefähr alle zwei Jahre persönlich treffe, fällt mir die zunehmende Depression jedes Mal besonders auf. Wir unterhalten uns dann lange über ihr Leben. Objektiv betrachtet, so stellt es sich mir zumindest dar, hat sie nicht wirklich einen Grund für diese Depression. Es geht ihr körperlich vergleichsweise gut, sie ist finanziell versorgt, besitzt eine schöne Wohnung in einer schönen Stadt, hat einen sympathischen Lebensgefährten, einen großen Bekanntenkreis und weiß, sich zu beschäftigen. Und dennoch nimmt die Depression zu. Ich habe leider nicht wirklich herausfinden können, was genau sie so trübsinnig macht. Ich habe ihr zu einer Therapie geraten, aber da sie sich selbst nicht als depressiv sieht, findet sie das keineswegs sinnvoll.

Ein Freund von mir hat sich hingegen auf eine Therapie eingelassen. Anlass dazu waren rein körperliche Probleme. Er war damit ohne nennenswerte Erfolge von Pontius zu Pilatus gelaufen, bis ihm ein Arzt zu einer Therapie riet. Dass er sich darauf eingelassen hat, finde ich bewundernswert. Er sagt, dass er unglaublich viel von dem Therapeuten gelernt habe. Er habe seine ganze Einstellung zum Altern und zum Alter geändert. Insbesondere habe er gelernt, den letzten Lebensabschnitt als Zeit der Ernte zu begreifen. Die Ernte nach der lebenslangen Arbeit. Der Gedanke sei ihm ganz neu gewesen; auch zu begreifen, dass diese Ernte einen großen Reichtum darstelle. Angeregt durch den Therapeuten hat er dann die für ihn befriedigenden Beschäftigungen im Alter herausgefunden. Auf die komme ich im Späteren ausführlich zu sprechen.

Der Fußballprofi Per Mertesacker hat übrigens berichtet: „Wenn ich nicht mehr konnte, war ich verletzt, so war es immer. Ich behaupte sogar, dass viele wiederkehrende Verletzungen psychisch bedingt sind. Dass der Körper der Seele damit zur Ruhe verhilft." Vielleicht also wären wiederkehrende körperliche Beschwerden Anzeichen genug für uns alle, über eine Therapie nachzudenken. (*Rheinische Post*, 12.3.2018)

Es wird Zeit für Grundsätzliches. Was genau ist eigentlich so schlimm am Älterwerden und Altsein? Ich wiederhole mich, ich weiß, aber die Frage kann man sich gar nicht oft genug und nicht genau genug stellen. Und man kann gar nicht oft genug versuchen, sie rational zu beantworten. Zunächst einmal, ja, rein optisch ist glatte Haut schöner. – Das habe ich jetzt so hingeschrieben, ohne richtig darüber nachzudenken. Wieso ist glatte Haut eigentlich schöner? Es gibt schließlich auch Hunderassen mit sehr vielen Falten, die von Menschen als schön empfunden werden. Beim Menschen jedoch sind wir uns weitgehend darüber einig, dass unser Schönheitsideal Faltenlosigkeit beinhaltet.

Das Wieso kann ich nicht beantworten, wohl aber das Wie. Ein Bekannter hat es einmal so erklärt: Mit zunehmendem Alter verlagere sich der Schwerpunkt des ganzen Körpers nach unten. Beginnen wir am oberen Ende: Jede Falte im Gesicht hängt nach unten. Augenringe, Augenlider, Mundwinkel, Wangen zieht es unweigerlich gen Erdboden (Newton lässt schön grüßen).

Ich habe sogar gelesen, dass Ohren und Nase ein Leben lang wüchsen. Na, Prost Mahlzeit, das erklärt einiges. (Jesse Gomez, *Science,* 6. Januar 2017)

Nicht nur diejenigen des Gesichts, auch die Falten am Rest des Körpers bewegen sich abwärts, nur sieht die glücklicherweise eher selten jemand: Brüste, Po, Bauch und insbesondere die Muskeln am Oberarm zieht es unvermeidlich nach unten. Die Füße sind von den unendlichen Kilometern, die wir auf ihnen gegangen sind, länger und breiter geworden; die Adern in den Händen treten immer deutlicher hervor; die Haut schrumpelt, wirft Falten, auch an Armen und Beinen; vom Hals ganz zu schweigen, wie sich bei sogenannten schönheitsoperierten Menschen immer besonders gut sehen lässt. Insgesamt scheint alles so von oben nach unten zu drücken, dass es den Körper zusammenstaucht: Zwei bis fünf Zentimeter im Laufe des Lebens kleiner zu werden, ist normal.

Haare, Nägel und Gewicht machen ebenfalls große Probleme. Ich schätze, ich habe heute noch halb so viele Haare, wie ich sie in meiner Jugend hatte und das betrübt mich zugegebenermaßen, wenn ich zwangsweise zweimal täglich in den Spiegel gucke. Gerade titelte die *Apotheken Umschau* „Volles Haar. So bleibt es von der Wurzel bis zur Spitze gesund.“ Ich habe den Artikel aufmerksam gelesen. Ich weiß jetzt, warum sie mir an welchen Stellen ausfallen, aber ich weiß jetzt auch, dass dagegen kein Kraut gewachsen ist. Ein gerade einmal 40 Jahre alter Freund von mir kämpft verbissen gegen seinen Haarausfall an den klassisch männlichen Stellen an. Jedes Mal, wenn ich ihn sehe, zeigt er mir beglückt die nachwachsenden Haare. Als gute Freundin mache ich natürlich die erwarteten Ahs und Ohs, auch wenn ich nicht so sehr viele neue Haare sehe. Dabei denke ich mir aber, wenn wirklich jemand ein Mittel gegen Haarausfall gefunden hätte, dann hätte der sich damit längst eine goldene Nase verdient und Glatzen wären nicht die trotzige Lösung der bemitleidenswerten Männer.

Dem Beispiel des Freundes folgend, habe ich auch eine Weile ein Mittel auf meinem Kopf verteilt, allerdings ohne jedweden sichtbaren Erfolg. Das erklärt mir der Freund damit, dass der Beipackzettel ausdrücklich darauf hinweist, das Mittel wirke nur, wenn der Haarausfall weniger als zehn Jahre zurückliege, was bei ihm zutrifft, nicht aber bei mir. Dann habe ich auch noch in der schon zitierten *Apotheken Umschau* gelesen, dass die Mittel das ganze Leben lang benutzt werden müssen! Bei so etwas kommt mir nicht nur mein angeborener Geiz, sondern auch meine anerzogene Skepsis gegenüber der Medizin zu Hilfe.

Das Gewicht zu halten, fällt mir mit zunehmendem Alter ebenso schwer, wie die Haare zu behalten, mit dem gravierenden Unterschied, dass ich gegen Ersteres selbst etwas unternehmen kann. Das Zunehmen begann in meinen 40er Jahren. Bis dahin war ich ohne mein Zutun schlank. Heute muss ich um jedes Gramm kämpfen, um es zu bleiben. Früher hatte ich die an Feiertagen angefressenen Kilos ruckzuck wieder runter, heute brauche ich Wochen dafür. Aber ich gebe nie auf und bin irgendwann erfolgreich. Warum mir das so wichtig ist? Das frage ich mich auch manchmal, immer dann nämlich, wenn das letzte Kilo zu viel mal wieder gar nicht weichen will. Da ich nicht vorhabe, mich noch irgendwann einmal einem fremden Menschen nackt zu zeigen, könnte es mir eigentlich egal sein. Ist es mir aber nicht. Selbstverständlich muss das jeder Mensch mit sich selbst ausmachen, aber ich sehe mich nun einmal nicht dick.

Das also sind die Veränderungen des alternden menschlichen Körpers, denen niemand ausweichen kann. Aber noch einmal die Frage: Warum finden wir sie nicht schön? Warum finden wir sie geradezu unschön? Warum reagieren wir unterschiedlich auf knackige Haut und auf faltige Haut? Dass dem so ist, kann ich regelmäßig an mir selbst beobachten. Sagen wir einmal, ich sitze mit einer Freundin in einem Café. Wir unterhalten uns angeregt. Immer wieder gehen Männer (auch Frauen, aber auf die reagiere ich nun einmal nicht) an unserem Tisch vorbei. Ob ich will oder nicht, ob es mir passt oder nicht, meine Blicke folgen automatisch ausschließlich knackigen jungen Männern. Ja, geschenkt, dass mir das peinlich ist, aber ich kann es nicht ändern. Biologisten werden wahrscheinlich argumentieren, das habe mit der Fortpflanzung zu tun; also mit dem Zwang des Lebewesens, sich zu vermehren, was aus nachvollziehbar praktischen Gründen den jungen Menschen zugedacht ist. (Wir lassen jetzt einmal außen vor, dass auch alte Männer noch in der Lage sind, sich zu vermehren. Das ist übrigens einer der Punkte, die ich mit dem Gott, an dessen Existenz ich nicht glaube, diskutieren werde, falls ich mich irren und ihm doch einmal begegnen sollte.

Die Weisheit dieses Beschlusses – also warum alte Männer noch zeugen können – bleibt mir vollkommen verborgen. Die einzige Erklärung, die mir dazu einfällt, ist eine Art Notstopfen: Sollten nach Kriegen oder Epidemien zu wenig junge Männer für das Erhalten der Art übriggeblieben sein, könnte die Menschheit auf die alten zurückgreifen. Nur – warum sollten nach so einer Katastrophe genügend junge Frauen zum Gebären, nicht aber genügend junge Männer zum Zeugen übriggeblieben sein? Oder hat Gott – der ja selbst uralt ist – seinen Anteil daran, dass es die alten Männer sind, die die jungen Männer in den Tod schicken?)

Außerdem erklärt mir der naturgegebene Zwang, unsere Art zu erhalten, wirklich nicht, warum ich als alte weibliche Person, die sich weder vermehren kann noch will, immer noch auf knackige junge Männer reagiere. Das Vermehren scheint mir nun wirklich kein Argument dafür zu sein, denn das wäre das Letzte, das mir in meinem Alter noch vorschwebte. Einmal abgesehen von meinem persönlichen Befinden, bin ich sowieso der Meinung, dass es zu viele von unserer Spezies auf dieser so überfüllten Erde gibt und dass weder unsere Menge noch unsere Gattung der Erde guttut.

Warum auch immer – wir alle empfinden den jungen Menschen als attraktiver. Punktum. Ach nein, nicht Punktum. Alternde Männer jenseits der 60 bilden sich nach meiner Beobachtung häufig immer noch ein, sie seien so attraktiv, 20 und 30 Jahre jüngere Frauen anziehen zu können. Diese Selbstüberschätzung macht mich sprachlos.

Hilft der Verstand diesen Männern nicht, sich über die wahren Beweggründe jüngerer Frauen Gedanken zu machen? Allerdings muss ich den Männern zugutehalten, dass uns Film, Fernsehen und Literatur genau das regelmäßig verkaufen wollen. So alt und unattraktiv können männliche Schauspieler bzw. Romanfiguren gar nicht geworden sein, als dass sie auf Leinwand, Bildschirm, Bühne oder Buchseiten nicht immer noch den Liebhaber spielen (müssten), der von einer deutlich jüngeren Frau begehrt wird. Mich könnten diese alten Männer nicht nackt hinterm Busch hervorlocken, aber das nur am Rande.

Und eigentlich hätte ich gedacht, umgekehrt wäre das selbstverständlich dasselbe – also ich meine, dass auch junge Männer sich nicht von alten Frauen angezogen fühlten. Irrtum meinerseits. Nach einer Talk-Runde im Nachtcafé des SWR, in der es um Sex und Partnerschaften im Alter ging, erhielt ich das unzweideutige Angebot eines deutlich jüngeren Zuschauers. Er schrieb mir eine E-Mail mit dem Tenor, offenbar könne ich mir ja nicht vorstellen, für einen deutlich jüngeren Mann noch attraktiv zu sein, aber genau das sei ich für ihn. Ich musste schallend lachen. Eine Freundin riet, mir den Mann doch zumindest einmal anzusehen (ein Foto hatte er bedauerlicherweise nicht mitgeschickt). Schließlich wisse man ja nie – und wieso nicht – und natürlich gäbe es das. Ich hingegen hielt den Mann sofort für einen Heiratsschwindler – warum sollte er wohl sonst Süßholz mit einer alten Frau raspeln. Ich schrieb ihm in höflicher, aber deutlicher Form, dass ich stets interessiert an neuen Freunden sei und daher gern einmal eine Tasse Kaffee mit ihm trinken würde; wenn er sich aber tatsächlich körperlich von mir angezogen fühle, so rate ich ihm, sich in Therapie zu begeben.

Meine Vermutung wurde bestätigt: Er hat sich nie wieder bei mir gemeldet. Vielleicht war er tatsächlich ein Heiratsschwindler. Oder er hat sich in Therapie begeben und die Anziehungskraft von Falten revidieren können.

Ein Freund von mir würde in diesem Zusammenhang auf Elke Heidenreich und Hannelore Hoger hinweisen. Wie es scheint, sind beide seit Jahren mit deutlich jüngeren Männern zusammen. Jedoch macht eine Schwalbe noch keinen Sommer (zwei Schwalben auch nicht) und natürlich können wir normalsterblichen Frauen zwar wahrscheinlich äußerlich mit den beiden Damen mithalten, nicht aber können wir einen Promi-Status bieten. Gerhard Schröder, Silvio Berlusconi, Donald Trump und viele andere mehr sind Beispiele für dasselbe Phänomen, nur das andere Geschlecht.

Ein Aspekt muss noch angesprochen werden: Ich kenne nicht wenige Frauen fortgeschrittenen Alters, denen es ein großes Problem ist, von Männern nicht mehr begehrt zu werden. (Männer können aus dem beschriebenen Grund hingegen in unserer Gesellschaft bis ins höchste Alter so tun, als gäbe es das Problem für sie gar nicht. Welch' glückselige Einfältigkeit!) Bei den Frauen ist mein Eindruck, je schöner sie früher waren, desto mehr trifft sie der Verlust dieser Schönheit. Oder vielleicht auch: Je wichtiger ihnen ihre Attraktivität früher war, desto mehr trifft sie der Verlust derselben. Aber auch die große Mehrheit von uns, die wir über eine durchschnittliche Attraktivität verfügten, trifft dieser Verlust häufig schwer.

Mir macht vor allem der Verlust meiner Haare und der Zustand meiner Fingernägel zu schaffen, wahrscheinlich weil ich einst viele Haare und schöne Nägel hatte, was sich jetzt wahrlich nicht mehr sagen lässt. Es könnte also tatsächlich etwas mit dem zu tun haben, was verloren gegangen ist. Vielleicht: je schöner, desto größer der Verlust. Aber dennoch verstehe ich das tiefe Trauern um den Verlust der Attraktivität nicht so recht. Waren 30, 40, vielleicht sogar 50 Jahre des Begehrens und des Begehrtwerdens nicht genug? Kann jetzt nicht mal etwas anderes wichtiger sein in unserem Leben? Wichtiger als das Äußere? Wichtiger als das Geschlechtliche? Erklärt sich tatsächlich nicht von selbst, wie befreiend, wie geradezu erleichternd die Loslösung vom Zwang, attraktiv sein zu müssen, ist? Außerdem kann ich gar nicht finden, dass man sich besonders viel auf sein Äußeres einbilden kann – schließlich ist es niemandes Verdienst. Und dass einem jemand hinterherpfeift – ach Gott, schon als sie mir noch hinterherpfiffen, habe ich immer gesagt: Wenn du nicht gleichzeitig schielst, Plattfüße und Achselnässe hast (oder war es ein Buckel?), könne frau an jeder Straßenecke in fünf Minuten einen Mann aufgabeln, der mit ihr ins Bett gehen wolle. Sich darauf etwas einzubilden, ist – gelinde gesagt – naiv.

Ich empfand es schon in meinen 50ern als ungemein befreiend, nicht mehr schön sein zu müssen. Zu nah war die Zeit gewesen, in der es dem

Mann an meiner Seite wichtig gewesen war, dass ich attraktiv aussah, was ich nervig fand. Ich wollte nicht auf meine äußeren Attribute reduziert werden. Inzwischen sind sowohl ein Mann als auch meine Attraktivität zu weit von mir entfernt, als dass mich beide noch sonderlich interessierten.

Versuchen wir doch einfach, nicht rückwärts zu vergleichen; versuchen wir, den jetzigen Zustand als entlastend zu empfinden und entsprechend zu genießen. Erfreuen wir uns der gewonnenen Freiheit.

Heute, so findet ein Freund von mir, würde ich um Jahre jünger aussehen, wenn ich mir nur wieder die Haare färben ließe. Damit hat er sicherlich recht, umso mehr als die meinen inzwischen schlohweiß geworden sind. Ich hatte erst kürzlich Gelegenheit, den Eindruck, den meine schlohweißen Haare machen, bestätigt zu bekommen. Es war bitterkalt und deshalb trug ich beim Fahrradfahren eine Mütze, die meine Haare komplett bedeckten. Ein anderer Freund, mit dem ich zu diesem Zeitpunkt in einem Café verabredet war, erkannte mich erst, als ich unmittelbar vor ihm stand. Bis dahin, behauptete er, habe er mich für ein junges Mädchen gehalten. Das ist sicher eine freundliche Übertreibung, aber die Richtung stimmt: Ohne die weißen Haare wäre mein Alter nicht so auffällig. Aber er riet mir nicht dazu, meine Haare färben zu lassen. Wahrscheinlich kam er gar nicht auf die Idee, weil er mich – im Gegensatz zu dem anderen Freund – noch gar nicht gekannt hat, als ich jünger war. Für ihn bin ich immer schon alt gewesen, immer schon weißhaarig. „Freundin, Schwester,

Mutter“ – so hat er mich einem Freund von sich vorgestellt.

Der Freund aber, der mir dazu rät, meine Haare wieder färben zu lassen, kennt mich schon seit mehr als 30 Jahren, also auch, als ich noch nicht alt war und meine Haare noch kastanienbraun. Macht das vielleicht den Unterschied? Er kann mir allerdings die für mich entscheidende Frage nicht beantworten: Was brächte es mir, für jünger gehalten zu werden, als ich bin? Wieder so ein springender Punkt – so springend, dass ich ihn gern präzisieren möchte: Was brächte es mir, wenn jemand, die oder der mich noch nicht kennt, bei meinem Anblick annehmen würde: die ist Anfang 60, anstatt: die ist um die 70. Okay – und dann? Wo wäre der Unterschied? Wo vor allem wäre der Vorteil – für mich oder für den anderen Menschen? Warum würde ich der oder dem Betreffenden etwas vormachen wollen? Mit welchem Ziel? Was brächte es mir, wenn dieser Mensch sich falsche Vorstellungen von meinem Alter machte? Außer natürlich, wenn ich vorhätte, mit ihm ins Bett zu gehen. Habe ich aber nicht.

Sind wir jetzt beim Thema Verdrängen angekommen? Ich glaube ja. Eine ganze Reihe der Menschen, mit denen ich sprach, hält das Akzeptieren des Alters für unabdingbar für ein zufriedenes Altwerden. Sie alle haben um sich herum beobachtet, dass das Verdrängen der mit dem Alter verbundenen Veränderungen weit verbreitet sei. Sie halten es aber übereinstimmend nicht für eine hilfreiche Einstellung.

Kürzlich sagte jemand zu mir, meine 70 Jahre sähe man mir gar nicht an. (Natürlich war wieder ich es gewesen, die an passender Stelle auf mein Alter hingewiesen hatte.) Wir hatten in einer Runde zu viert schon eine ganze Weile kontrovers diskutiert. Deshalb war klar, dass seine Bemerkung als Kompliment und als eine Art Friedensangebot gemeint war. Ich erwiderte in freundlichem Ton: „Als ich jung war, hätte mich das sicher gefreut. Heute – wenn Sie mir meine Ehrlichkeit verzeihen wollen – ist es mir scheißegal.“ Von da an hatten wir keine Probleme mehr miteinander.

Blick zurück

> Alt fühlt man sich nur dann, wenn man Dinge bereut, die man falsch gemacht hat.
>
> *Sophia Loren*

Zum Wohlbefinden unserer Seelenlage ist Loslassen vielleicht das Zauberwort schlechthin. Das betrifft nicht nur unsere äußere Attraktivität, die der Vergangenheit angehört, das betrifft auch die vergangenen Erlebnisse. Um zufrieden in der Gegenwart leben zu können, erscheint mir die Bewältigung der Vergangenheit ein zentraler Punkt zu sein. Ich höre immer wieder, wie sehr ältere und alte Menschen in ihrer Vergangenheit befangen sind. Ich meine damit nicht, dass man den Freundinnen und Freunden immer wieder mal eine Anekdote aus dem eigenen früheren Leben erzählt, sondern dass sie wieder und wieder ihr vergangenes Leben in Gedanken oder in Worten durchgehen und sich grämen. Wieder und wieder grämen sie sich an den immer gleichen Stellen ihres Lebens, hadern mit sich und dem Verlauf ihres Lebens: als ihnen jemand übel mitgespielt hat; als sie betrogen oder verraten wurden; als sie die falschen Entscheidungen trafen; als sie gingen, wo sie hätten bleiben sollen; als sie blieben, wo sie hätten gehen sollen; als sie Chancen nicht als solche wahrnahmen und sie nicht ergriffen; als sie sich Dinge aufhalsen ließen, die sie hätten ablehnen sollen; als sie sich bietende Gelegenheiten ausschlugen und die falschen annahmen. Auf irgendeine Weise fühlen sie sich als Opfer. Aber als wessen Opfer?

Mein Leben – nur, um das Beispiel zu nennen, das ich am besten kenne – ist eine Kette von Fehlentscheidungen. Sie werden Mühe haben, das zu glauben, ich weiß; mein ganzer Freundeskreis hat Mühe, das zu glauben, aber wahr ist es dennoch. Die falsche Schulform, der falsche Schulabschluss, das falsche Studium, der falsche Beruf, das falsche Hobby, die falsche private Lebensform. Das reicht, oder? Es gäbe wohl reichlich Grund, mich endlos zu grämen, endlos zu hadern, endlos zu grollen. Mit meinen eigenen Fehlentscheidungen; mit den Umständen, die dazu führten, dass ich sie traf; mit den Menschen, die mich entsprechend beeinflussten. Es würde nur absolut nichts bringen. Ich habe im Laufe meines Lebens immer wieder versucht, diese Fehlentscheidungen zu korrigieren, und das ist mir auch vielfach gelungen. Nur wäre es deutlich einfacher gewesen, sie gar nicht erst getroffen zu haben.

Aber ich habe schon vor langer Zeit aufgehört, damit zu hadern. Zum einen habe ich die jeweiligen Fehlentscheidungen unter den damaligen Umständen für richtig gehalten. Erst im Nachhinein weiß ich, dass sie falsch waren; was bedeutet, unter denselben Umständen würde ich wieder dieselben (Fehl)Entscheidungen treffen. Zum anderen ist durch nichts bewiesen, dass mein Leben befriedigender verlaufen wäre, hätte ich anders entschieden. Nur, dass es anders verlaufen wäre, ist sicher.

Nicht nur das Grämen ist keine gute Idee in unserem Alter, auch die kleinere Schwester, das Grübeln, ist wenig hilfreich. Professor Karlheinz Rucknagel bemerkt unmissverständlich: „Es ist ratsam, wenig zu grübeln." Der Mann muss es wissen – er forscht über das Glück.

Die nigerianische Schriftstellerin Chimamanda Ngozi Adichie sieht hingegen einen ganz anderen Grund für uns Menschen aus dem westlichen Kulturkreis in der Vergangenheit befangen zu bleiben. Sie schreibt in ihrem Roman *Americanah*:

> „Menschen aus der Dritten Welt gucken nach vorn, wir mögen Dinge, die neu sind, weil unser Bestes noch vor uns liegt, wohingegen das Beste derjenigen im Westen bereits Vergangenheit ist und deshalb müssen sie aus dieser Vergangenheit einen Fetisch machen."

Das ist eine interessante Sichtweise. Offenbar führt der Blick von außen zu anderen Ergebnissen. Ja, natürlich kennen wir alle auch Menschen, die nicht hadern, sondern im Gegenteil die Vergangenheit glorifizieren. Da werden dann die Probleme, die es gab, ausgeblendet oder heruntergespielt und das Schöne in der Erinnerung immer noch schöner.

Jedoch scheint mir auch diese Form der Vergangenheitsbewältigung nicht sonderlich hilfreich zu sein. Weder das Schwarzmalen noch das Schönfärben scheint mir zielführend zu sein.

Was auch immer geschehen ist, jetzt sind die Kämpfe ausgefochten. Sowohl im privaten als auch im beruflichen Bereich. Wie schön! Wie entspannend! Loslassen und durchatmen ist jetzt angesagt. Was auch immer wir hätten erreichen wollen, erreicht haben oder nicht erreicht haben, jetzt ist es vorbei. Was auch immer wir dabei falsch oder richtig gemacht haben, jetzt ist es vorbei. Das meine ich nicht negativ. Es hat etwas sehr Entlastendes, nicht mehr kämpfen zu müssen, niemandem mehr etwas beweisen zu müssen, weder den anderen noch uns selbst. Ja, wahrscheinlich haben wir nicht das erreicht, was wir uns im Überschwang der Jugend für unser Leben vorgestellt hatten. Die allermeisten von uns sind wahrscheinlich beruflich nicht so hoch aufgestiegen, wie wir uns das erträumt oder gar vorgenommen hatten. Das ist enttäuschend, ja natürlich, aber vorbei. Die Luft wird halt dünn da oben, die Pyramide des Aufstiegs zum oberen Ende hin deutlich schlanker. Auch in unserem Privatleben sind die meisten von uns nicht so himmelhoch jauchzend glücklich geworden, wie uns ständig von allen Seiten weisgemacht wurde, dass es zu erwarten sein würde.

Aber jetzt müssen wir nicht mehr kämpfen. Jetzt würde es ohnehin nichts mehr bringen. Wir müssen nicht mehr für uns kämpfen, nicht gegen die Kollegen und Kolleginnen, gegen die Freunde und Freundinnen, gegen die Familie, und schon gar nicht mehr gegen uns selbst. Wir müssen auch nicht mehr beneiden. Wir müssen, um etwas zu erreichen, nicht mehr klein beigeben, uns nicht mehr verbiegen, nicht mehr mit den Zähnen knirschen. Wir müssen nicht mehr nach oben lächeln und buckeln und vielleicht sogar lügen. Zucker blasen wir nur noch auf einen Kuchen, Schaum schlagen wir nur noch in der Küche, aufschneiden und den Mund voll nehmen ebenfalls, Süßholz wird überhaupt nicht mehr geraspelt und Kröten schlucken wir auch keine mehr. Radfahren, leisetreten, auf dem Bauch rutschen und kriechen betreiben wir nur noch zu sportlichen Zwecken. Ist doch super!

In den Nächten, in denen ich schlecht schlafe, ziehen immer wieder die Situationen meines Lebens an mir vorbei, in denen ich mich schlecht benommen habe. In denen ich mich anders hätte verhalten sollen, ja müssen. In denen ich aus Feigheit log; nicht zu meinen Fehlern stand; nicht den Mut hatte, geradezustehen. Immer wieder schäme ich mich deswegen. Die Momente meines Lebens, in denen ich mich richtig und gut verhalten habe, kommen mir kaum in den schlaftrunkenen Sinn. Auch nicht die erfolgreichen Augenblicke. Ich kann mich noch komplett in das Gefühl hineinversetzen, als ich bei einer mündlichen Prüfung vor Jahrzehnten schlecht war. Mein Verstand kann mir auch eine andere, ebenso lange zurückliegende mündliche Prüfung abrufen, in der ich gut war. Aber wenn ich meine Gedanken nicht bewusst steuere, dann kommt nur die schlechte in meine Erinnerung. Ein schwacher Vortrag beschäftigt mich deutlich länger als ein gelungener. Aber ich arbeite daran; insbesondere, wenn ich nachts nicht schlafen kann. Ich werde mit der Zeit immer besser darin, mir bewusst schöne Erinnerungen zurückzurufen, um in Ruhe schlafen zu können.

Ja, wenn ich noch einmal die Chance hätte, von vorn anzufangen, würde ich fast alles anders machen. Allerdings nur, wenn ich das Wissen von jetzt mitnehmen dürfte. Ich bin schon seit längerer Zeit der Meinung, die Jugend sei am falschen Ende des Lebens platziert. In den Jahren, in denen wir die größte körperliche und geistige Kraft haben, fehlt uns komplett die Erfahrung, das Beste daraus zu machen. Friedrich Nietzsche hat zutreffend bemerkt, das Tragische an jeder Erfahrung sei, dass man sie erst mache, nachdem man sie gebraucht hätte. Stellen Sie sich nur einmal vor, wir hätten jetzt die Kraft der Jugend! Gepaart mit unserer Lebenserfahrung und mit dem Wissen um unser eigentliches Selbst könnten wir jetzt Bäume ausreißen.

Auch das ein außerordentlich wichtiger Pluspunkt des Alterns und des Alters: Jetzt endlich erkennen wir uns selbst, denn nichts und niemand ist so schwer zu erkennen wie das Selbst. Deshalb hat der Prozess so lange gedauert. Sich selbst nicht kennen? Ich mich nicht kennen? Als ich jung war, hätte ich diese Behauptung für kompletten Blödsinn gehalten. Schließlich verbringt der Mensch jede Sekunde des Tages mit sich selbst. Wie sollte er sich da nicht kennen? Wahrscheinlich müssten wir die HirnforscherInnen fragen, wie das möglich ist, denn eine Erklärung habe ich nicht finden können. Im Gegenteil: Es ist mir vollkommen rätselhaft, wie wir uns selbst so viel vormachen können. Wie wir uns selbst so belügen können. Wie wir uns selbst wahre Beweggründe verschleiern können. Wie immer andere Menschen schuld sind an allem, nur wir selbst nicht. Wie wir den eigenen Neid, die eigene Rachsucht, die eigene Kleinheit und Engstirnigkeit, die eigenen Vorurteile vor uns selbst verbergen können. Das passiert doch in demselben Gehirn – wie geht das? Aber dass es geht, darüber kann kein Zweifel bestehen. Die Schriftstellerin Anaïs Nin hat das auf folgenden Punkt gebracht: „Niemand vermag dich so zuverlässig in die Irre zu führen wie deine innere Stimme."

Ich muss in meinen 50ern gewesen sein, als ich zum ersten Mal meiner Zwillingsschwester begegnete. Nein, keiner leibhaftigen. Sie saß in meinem Kopf und begann, regelmäßig Kommentare abzugeben. Kommentare zu meinem Handeln oder meinen Gedanken. Meist wenig Schmeichelhaftes. Sie sprach zu mir – zu derjenigen, die ich einzig glaubte zu sein. Ich wusste ja nicht, dass das mir vertraute Ich nur eine Seite der Medaille war, dass ich die andere Seite hingegen jahrzehntelang ignoriert hatte. Ist ‚ignoriert' das richtige Wort? Ich bin nicht sicher. Hatte sich meine Zwillingsschwester vielleicht schon früher zu Wort gemeldet und ich hatte ihr nicht zugehört? Oder hatte sie sich gar nicht zu Wort gemeldet? Oder zu leise? Leider weiß ich es nicht mehr. Ich weiß nur, dass ich – seit ich sie kenne – besser zurechtkomme. Weil sie mir hilft, mich und meine wahren Beweggründe zu erkennen. Auch meine Schwächen und Fehler. Zum Beispiel mein aufbrausendes Temperament. Ich habe sehr lange gebraucht, diese unangenehme Seite an mir zu sehen und noch länger, den Versuch zu starten, sie zu ändern. Seit ich mir darüber im Klaren bin, bemerke ich viel früher, wenn es in mir zu brausen beginnt und dann versuche ich, den Sturm abzubremsen. Das gelingt mir zwar bei weitem nicht immer, aber immerhin bin ich inzwischen so weit, mich hinterher für meine Ausrutscher zu entschuldigen. Das macht den Umgang mit mir, so glaube ich, zumindest für meine Mitmenschen leichter.

Sollte ich dem lieben Gott doch einmal begegnen, dann werde ich ihm sagen, dass es keine gute Idee war, Kraft gepaart mit Selbstvertrauen bzw. Lebenserfahrung gepaart mit Selbsterkenntnis an die jeweiligen Enden eines Menschenlebens zu setzen. Er muss Gründe für diese Aufteilung gehabt haben, die ich beim besten Willen nicht nachvollziehen kann.

Apropos dem lieben Gott etwas sagen. Diesen Wunsch habe ich öfter. Einmal habe ich ihn im Beisein eines Bekannten, der Moslem ist, geäußert. Erst hat er mich mit großen Augen erschrocken angesehen, dann korrigierte er: „Ihn bitten!" Offenbar ist es ungehörig, einem Gott etwas sagen zu wollen, aber bitten geht.

Irgendwo in der Lebensmitte überschneidet sich die Kraft der Jugend mit der Lebenserfahrung des Alters. Vielleicht ist das der Moment, in dem wir die Midlife-Crisis durchmachen, die Krise in der Lebensmitte. Da halten wir inne, da betrachten wir das Vergangene, da bedenken wir die Zukunft. Da könnten wir das Ruder noch einmal herumreißen. Theoretisch. Aber viele von uns finden da schon nicht mehr die Kraft in sich. Die Macht des Faktischen ist zu groß geworden. Die Umstände müssten andere sein. Nur sehr wenige Menschen schaffen es, in dieser Krise der Lebensmitte eine neue Ausrichtung einzuleiten. Ich habe mal von einem mittelalten Mann gehört, der mit der Absicht zu einer Lebensberaterin – auf Deutsch: Coach – ging, seine Karriere als Banker vor allem finanziell zu beflügeln. Nach zehn Sitzungen mit der Beraterin kündigte er bei der Bank, wurde Musiker, hat seitdem sehr viel weniger Geld, ist aber glücklicher.

Das ist eine großartige Geschichte, nicht wahr, aber eine äußerst seltene. AussteigerInnen sind rar gesät, und ob sie alle glücklicher geworden sind, steht auf einem anderen Blatt. Den wenigsten von uns aber ist ein solcher Kraftakt gelungen. Zwar wissen wir nun am Ende unseres Lebens besser, was wir in der Vergangenheit hätten anders machen sollen; zwar bekommen wir erst jetzt eine Ahnung davon, was oder wer wir hätten sein können, wenn wir nicht hätten sein müssen, wer wir geworden sind (frei nach Beckett). Aber jetzt ist es zu spät. Selbst wenn wir die Kraft noch hätten – die Zeit für Karriere, Familie und Lieben ist vorbei. Das zu akzeptieren – ohne uns zu grämen – halten fast alle Menschen, mit denen ich sprach, für ein zufriedenes Alter für geradezu unerlässlich.

Jedoch, es macht nichts – wirklich gar nichts, dass diese Dinge vorbei sind. Weil jetzt anderes zu tun, anderes dran ist. Das Leben verändert sich, und im besten Falle verändern wir uns mit ihm.

Einer der größten Vorzüge des Alters ist meines Erachtens die emotionale Unabhängigkeit, die es mit sich bringt oder zumindest mit sich bringen kann. Die Unabhängigkeit von der Meinung und den Gefühlen anderer. Genau diese – die Meinungen und die Gefühle der Menschen, die uns nahestehen, haben uns häufig eingeschränkt. Aus Liebe zu und mit Rücksicht auf (Ehe-)Frauen und

(Ehe-)Männer, auf Kinder, auf Eltern, auf FreundInnen, KollegInnen, Vorgesetzte und Nachbarn haben wir nie wirklich frei entscheiden können – auch dann nicht, wenn wir geglaubt haben, es zu tun. Ich bin der festen Überzeugung, dass die Liebe – im weitesten Sinn – die egoistischste Regung ist, zu denen wir Menschen fähig sind. Nur bemänteln wir sie wortreich und ausdrucksstark. Wir verstecken auf diese Weise unseren Egoismus sowohl vor unserem Gegenüber als auch vor uns selbst.

Mit nichts können wir einen anderen Menschen so unter Druck setzen wie mit Liebe. Aus Angst, die Liebe, Zuwendung, Zuneigung, Wohlgefallen eines anderen Menschen zu verlieren, haben wir uns mehr als einmal erpressen lassen. Angedrohter Liebesentzug ist eine unglaublich starke Waffe. Eine unheimlich wirksame dazu. Denn vor wenigen Dingen hat der Mensch so viel Angst wie vor dem Alleinsein. Vor der Einsamkeit, vor der Isolation, vor der Stille. Auch deshalb sind wir so erpressbar.

Jetzt ist endlich die Zeit gekommen, in der wir uns nicht mehr emotional erpressen lassen. Jetzt sind wir stark genug, uns den Erpressungsversuchen zu entziehen. Einfach ist das natürlich nicht, aber sehr, sehr ratsam. Dennoch müssen wir jetzt keine egoistischen Ekel werden: Ein gesunder Egoismus reicht vollkommen aus.

Und es muss auch nicht immer etwas Großes, Grundsätzliches dahinterstecken. Auch kleine Rücksichtnahmen vergällen die Laune. Um die augenblickliche Ernsthaftigkeit ein wenig aufzulockern, hier eine kleine, wahre Begebenheit: Die Mutter eines Freundes von mir hat so starke

Probleme mit ihren Füßen, dass sie keine Schuhe mit Absätzen mehr tragen kann und deshalb auch schon seit Jahren nicht mehr getragen hatte. Bis eine ihrer Töchter heiratete und es für unmöglich hielt, dass die Mutter zur eleganten Garderobe flache Schuhe anziehen würde. Also schleppte sie sich, gestützt auf den Arm ihres Sohnes, durch die Hochzeitsfeierlichkeiten. So einen Unsinn lassen wir jetzt einfach sein.

Bevor wir uns freudig mit den Möglichkeiten dieser Veränderungen beschäftigen können, muss ich aber noch einmal auf das weitverbreitete Grämen und Hadern von Menschen unserer Altersgruppe zurückkommen. Und zwar mit Rücksicht auf unsere PartnerInnen, unsere Kinder, vielleicht auch Nichten und Neffen, Enkelinnen und Enkel. Nicht nur bringt das Grämen so gar nichts; nicht nur ist dadurch keine einzige Fehlentscheidung des Lebens rückgängig zu machen; nicht nur lässt sich nichts von dem, was andere Menschen uns vermeintlich oder tatsächlich angetan haben, wiedergutmachen. Das Einzige, was das Sichgrämen bewirkt, ist, dass wir uns selbst damit die Laune verderben und infolgedessen auch allen Menschen um uns herum. Von Charles Dickens stammt das Bonmot: „Nichts auf der Welt ist so wunderbar ansteckend wie schlechte Laune."

Aber diejenigen, die wir damit anstecken, haben das in den allerwenigsten Fällen verdient, weil das nicht diejenigen sind, die an irgendetwas schuld waren. Ich spreche nicht nur von den jüngeren Menschen, denen wir in Tai-Chi-Kursen und in öffentlichen Grünanlagen die Laune verderben, sondern vor allem von unseren eigenen Kindern. Dabei sind gerade die am wenigsten schuld daran, weil sie entweder noch gar nicht geboren waren oder viel zu jung, um unsere eigenen Entscheidungen beeinflusst haben zu können. Sie sind auch nicht schuld daran, wenn sie unsere Erwartungen an sie enttäuscht haben. Es waren unsere Wünsche, unsere Vorstellungen, unsere Erwartungen, die sie hätten erfüllen sollen – nicht die ihren. Es ist nicht ihre Aufgabe, unsere Wünsche zu erfüllen. Es ist nicht ihre Aufgabe, das zu erreichen, was uns selbst verwehrt blieb.

Sie sind auch nicht schuld daran, wenn wir als Mütter oder Väter mit Rücksicht auf sie unser Leben anders gelebt haben, als wir es uns eigentlich gewünscht hätten und als wir es ohne sie vielleicht hätten leben können. Obgleich nicht einmal das bewiesen ist. Wir haben sie nicht gefragt, ob sie in unser Leben treten wollten. Wir haben sie gewollt, nicht umgekehrt. (Sollten wir sie nicht gewollt haben, bedürfen sie erst recht unserer Liebe und Rücksichtnahme.) Aus all diesen Gründen scheint es mir nicht recht zu sein, ihnen mit unseren Klagen in den Ohren zu liegen.

Unsere eigenen Eltern hatten hingegen oft einen nicht unerheblichen Anteil an der Art, wie wir unser Leben gestaltet haben. Aber in den allermeisten Fällen haben sie die Richtung, in die sie versucht haben, uns zu bewegen, für richtig gehalten. Als wir jung waren, haben sie sich natürlich in unser Leben eingemischt. Das ist ihre Aufgabe, ihr Erziehungsauftrag; das steht sogar in unserem Grundgesetz: „Pflege und Erziehung der Kinder sind das natürliche Recht der Eltern und die zuvörderst ihnen obliegende Pflicht." (GG Artikel 6 Abs. 2) Wenn sie dabei geirrt haben, haben sie es doch in den allermeisten Fällen gut mit uns gemeint.

In meinem Leben hatte ich mit den ersten weichenstellenden Fehlentscheidungen meines Lebens herzlich wenig zu tun, weil ich ja noch ein Kind war. Aber meine Eltern waren so sehr in den Vorstellungen ihrer Zeit und ihrer Gesellschaftsschicht befangen, dass es ihnen unmöglich war zu sehen, dass ich nicht in ihre Vorstellungen von einem ordentlichen Frauenleben hineinpasste. (Meinen kleinen Bruder hat diese Erkenntnis Jahrzehnte später eine schlaflose Nacht gekostet: Was wäre aus seiner großen Schwester geworden, wenn die Eltern sie nicht in die Richtung geschoben hätten, die sie für die richtige gehalten hatten, aber nur ganz wenig mit ihrem Wesen zu tun hatte?)

Aber ich persönlich muss sagen, dass ich es meinen Eltern zu keinem Zeitpunkt übelgenommen habe. Sie haben sich alle Mühe gegeben, die Tochter richtig zu beraten und sie haben ihre Beeinflussung in eine bestimmte Richtung für gut und sinnvoll erachtet. Mehr lässt sich beim besten Willen nicht von Eltern erwarten.

In dem Zusammenhang möchte ich noch einen anderen Punkt ansprechen: Besuche bei den Eltern. Ich habe meine Mutter und meine beiden Väter bis zu ihrem späten Ende häufig gesehen. Um der Wahrheit die Ehre zu geben: unterschiedlich häufig. Diejenigen, die ich am liebsten besucht habe, waren die, die mich nicht mit einem „da bist du ja endlich" begrüßten und mit einem „jetzt willst du schon gehen" verabschiedeten. Ich habe einmal zu meiner Schwester gesagt, die aus eben diesem

Grund ein schlechtes Gewissen hatte: „Du kannst es nicht gewinnen! Du kommst immer zu spät und du gehst immer zu früh, egal wann du kommst und egal wann du gehst.“

Der Druck, den viele Eltern auf uns aufgebaut haben, hat uns sehr belastet. Jetzt, da wir selbst die alternden Eltern sind, sollten wir uns das noch einmal vor Augen führen und versuchen, uns unseren eigenen Lieben gegenüber nicht auch so zu verhalten. Erinnern Sie sich? Es ist schön, jemanden zu besuchen, die oder der sich freut, uns zu sehen, ohne uns auf irgendeine Weise ein schlechtes Gewissen zu machen, nicht öfter gekommen, nicht länger geblieben zu sein. Es hilft, sich noch einmal genau an diese Gefühle zu erinnern, um nicht selbst in diese Unsitte zu verfallen. Weder lassen wir uns jetzt noch erpressen, noch verfallen wir selbst in diese Unsitte.

Den körperlichen Verfall müssen wir akzeptieren. Verdrängen ist keine gute Strategie; die Schuld dafür – bewusst oder unbewusst – bei anderen zu suchen auch nicht; sich grämen nützt gar nichts. Nur wenn wir die Veränderungen akzeptieren, können wir dagegen angehen. Dabei hilft Humor, Selbsterkenntnis und die Fähigkeit, loszulassen. Es hilft auch, die Freiheit, die erst das Alter mit sich bringt, als solche zu betrachten: Es ist die Befreiung vom Zwang, attraktiv sein zu müssen; begehren und begehrt werden zu müssen; funktionieren zu müssen; in Beruf und Familie seinen Mann bzw. seine Frau stehen zu müssen; Rücksicht auf Sachzwänge und Menschen nehmen zu müssen.

Akzeptieren ja, resignieren nein. Wie wir im nächsten Kapitel sehen werden, können wir selbst sehr viel für die positive Gestaltung unseres letzten Lebensabschnittes tun. Vielleicht haben auch Sie sich mit Ihrer Altersdepression abgefunden; haben sich damit abgefunden, neben dem körperlichen Unwohlsein auch ein seelisches Unwohlsein in Kauf nehmen zu müssen. Sozusagen als Preis für das Alter. Tun Sie das bitte nicht! Finden Sie sich nicht ab! Unternehmen Sie etwas dagegen! Wehren Sie sich!

Warum ich das so vehement vertrete? Weil wir möglicherweise von 10, 20 oder gar 30 Jahren verbleibenden Lebens sprechen. Das ist kein Pappenstiel. Das will gelebt werden – ertragen reicht nicht.

Kontakte

> Im Grunde sind es immer die Verbindungen mit Menschen, die dem Leben seinen Wert geben.
>
> *Wilhelm von Humboldt*

Was also tun? Wie mit den beschriebenen Veränderungen umgehen? Wie dennoch ein zufriedener Mensch bleiben – oder erst werden? Die Forschung sagt uns, dass für unser Wohlbefinden nichts so bedeutsam sei, wie der Kontakt zu anderen Menschen. (Bei manchem, was so erforscht wird, hätten wir uns das auch selbst schon gedacht, nicht wahr?) Dennoch muss ich diese Binsenweisheit ausdrücklich ansprechen, weil ich Sie dazu ermutigen möchte, solche Kontakte bewusst auf- oder auszubauen. Ich weiß schon, dass das leichter gesagt als getan ist. Aber es nützt nichts: Wir müssen das in die eigene Hand nehmen. Soll heißen: Nicht warten, bis sich jemand bei uns meldet, sondern sich selbst darum kümmern.

Im Januar des Jahres 2018 beschloss die englische Regierung, ein Ministerium für Einsamkeit einzurichten. Nach Angaben des dortigen Roten Kreuzes sagen von den 65,6 Millionen Einwohnern mehr als neun Millionen, dass sie sich immer oder häufig einsam fühlten. Das klingt irrsinnig viel, sind aber tatsächlich 13,7 Prozent. Die Premierministerin nannte das eine „traurige Realität des modernen Lebens“. Sie habe mit der Maßnahme vor allem Senioren, Pflegende und solche Menschen im Auge, die den Verlust eines ihnen nahestehenden Menschen betrauerten, „Menschen, die niemanden haben, mit dem sie reden oder ihre Gedanken und Erfahrungen teilen können".

Laut einer Umfrage fühlen sich ähnlich viele Deutsche häufig oder ständig einsam: nämlich 12 Prozent. Eine zum Thema befragte Professorin für Psychologie erklärte: „Für das Alleinsein kann ich mich entscheiden, Einsamkeit ist nichts Freiwilliges." (Marktforschungsinstitut Splendid bzw. Maike Luhmann, Universität Bochum, 2018)

Ich bin sehr im Zweifel, ob das zutrifft. Oder zumindest, ob das in jedem Fall in solcher Absolutheit zutrifft. Wenn ich von Einsamkeit im Alter lese oder höre (was in letzter Zeit zuzunehmen scheint), dann habe ich immer gemischte Gefühle. Natürlich tun mir diese Menschen leid, aber dennoch müsste jeder Fall einzeln und genauer betrachtet werden. Denn ich glaube schon, es ließe sich sagen, der einsame Mensch hat in vielen Fällen daran zumindest einen gewissen Anteil. Sei es, dass er sich zu sehr ausschließlich auf seine Familie verließ; sei es, dass er so griesgrämig geworden war, dass seine Freunde und Freundinnen es nicht mehr mit ihm aushielten; sei es, dass er sich zu Hause vergrub und darauf wartete, dass jemand klopfen würde.

Seit ein paar Jahren lebe ich einen Monat bei mir zu Hause in Düsseldorf und einen Monat bei meinem großen Bruder in Berlin. Mein Freundeskreis war und ist voller Neid: Was für ein tolles Leben! Berlin! – Na klar, täglich sagt Berlin persönlich zu mir: „Wie schön, Britta, dass du da bist, komm', wir unternehmen etwas miteinander." Täglich klopft ein Mensch an meine Tür, um mich zu irgendeiner Veranstaltung abzuholen. Vor lauter Angeboten weiß ich gar nicht mehr, wo ich zuerst hingehen soll. Ich denke, Sie haben die Ironie bemerkt. Niemand, buchstäblich niemand hat an meine Tür geklopft, als ich neu dort angekommen war. Das habe ich alles selbst machen müssen und mein Bruder, als er dorthin zog, auch. Und deshalb ist es auch ein Irrglaube, anzunehmen, das Leben in Berlin sei in irgendeiner Weise toller, schöner, ereignisreicher als dasjenige in Düsseldorf und wenn ich nur in Berlin lebte, dann wäre alles automatisch schöner. Nach meiner Erfahrung sind Berliner und Berlinerinnen nicht immer so weltoffen, wie die halbe Welt es ihnen unterstellt, während Düsseldorfer und Düsseldorferinnen so kontaktfreudig sind, wie es den Rheinländern nachgesagt wird. Aber gegen Vorurteile ist kein Kraut gewachsen.

Ich habe inzwischen meine Kontakte in Berlin, aber die habe ich mir alle selbst erarbeitet. Wenn ich mein Leben nicht selbst in die Hand nehme, passiert gar nichts – weder hier noch da. Weshalb ich das genau so auch bei mir zu Hause hätte tun können und tue. Meine Mutter pflegte zu zitieren: Da wo du nicht bist, ist das Glück. Ich darf verschärfen: Immer genau da, wo du nicht bist, ist das Glück. Diese irrige Überzeugung hindert uns daran, das Glück vor der Haustür in Gang zu setzen.

Als meine Mutter alt geworden war, brach sie den Kontakt zu ihrem Freundeskreis ab, weil sie sich vor denen schämte, so alt geworden zu sein.

Eine Freundin von mir hat von ihren Kindern einen Rollator geschenkt bekommen, damit sie trotz ihrer Rückenschmerzen auch weiterhin mit ihnen ein Bier trinken gehen kann. Wir Freunde und Freundinnen finden das ebenso rührend wie praktisch. Aber die Freundin weigert sich, das Ding zu benutzen. Ich hielt das für Eitelkeit – ebenso bei meiner Mutter wie bei dieser Freundin –, aber der Freundeskreis belehrte mich, es gehe darum, dass Nachbarn, Freunde und Fremde nicht sehen sollen, wie alt sie geworden sind. Da ich noch gut zu Fuß bin, hat sich mir dieses Problem noch nicht gestellt, aber ich erwarte von mir, dass ich mich dermaleinst nicht so albern verhalten werde. Lieber nicht mit hinausgehen, weil es ohne Rollator nicht mehr geht?! Eine andere Freundin von mir läuft hingegen schon zu einem Zeitpunkt mit einem Rollator herum, zu dem wir anderen finden, dass sie ihn noch lange nicht nötig hätte. Ihren eigenen Kindern scheint es peinlich zu sein. Ich bin hin und her gerissen: Einerseits finde ich auch, dazu ist sie wirklich noch nicht alt und nicht gebrechlich genug. Andererseits bewundere ich ihren Mut, sich über Gepflogenheiten und Vorurteile hinwegzusetzen. Diese Fähigkeit bewundere ich immer.

Das Verhindern bzw. Reduzieren von Einsamkeit sei wesentlich für das Wohlbefinden und die gute Gesundheit eines jeden Menschen, besagt eine Studie. Die ForscherInnen haben diese Feststellung gleichermaßen bei Menschen von 18 bis 79 Jahren machen können. Interessanterweise sehen jüngere Menschen ihre Freunde und Freundinnen zwar öfter, ältere Menschen sind hingegen zufriedener mit der Art ihrer Kontakte als die jungen. Diese Zufriedenheit bzw. Unzufriedenheit mit den eigenen sozialen Kontakten habe ebenfalls einen großen Einfluss auf das Gefühl der eigenen Einsamkeit. Es geht also nicht nur um die tatsächlich messbare Einsamkeit – etwa wie häufig ich wie viele Menschen sehe –, sondern vor allem darum, wie zufrieden ich sowohl mit der Häufigkeit als auch mit der Art meiner Kontakte bin. (*Psychology and Aging*, 2014)

Meine Mutter, die in den letzten Jahren ihres Lebens auf einer Pflegestation fast täglich Besuch bekam, fühlte sich dennoch einsam. Es ist mir trotz häufiger Anwesenheit nie gelungen, ihr dieses Gefühl zu nehmen. Auf der Grundlage der soeben zitierten Untersuchung frage ich mich heute, ob die Art unserer Beziehung unbefriedigend war und die Häufigkeit meiner Besuche das niemals hätte wettmachen können. Ich halte das durchaus für möglich. Ich war nicht ihr Liebling, ohne dass ich mich jemals über eine schlechte Behandlung hätte beklagen können. Meine drei Geschwister, die sie vielleicht lieber gesehen hätte als mich, lebten Hunderte von Kilometern entfernt. Mehr als einmal habe ich zu meiner Mutter gesagt, dass es mir leid tue, dass sie ausgerechnet mit mir übriggeblieben war. Beim ersten Mal hat sie mich ganz erschrocken angesehen. Hat sie wirklich geglaubt, ich wüsste nicht um ihre Lieblinge?

Auch so ein Unsinn! Als ob irgendjemand dazu in der Lage wäre, gänzlich verschiedene Menschen auf gleiche Art und in gleicher Intensität zu lieben. Was nach allgemeiner Übereinstimmung da von Eltern verlangt wird, geht an der Realität vorbei.

Wir können und wir sollten von Eltern erwarten, dass sie ihre Kinder gleich behandeln, aber nicht, dass sie sie in gleichem Maße und auf gleiche Weise lieben. Liebe ist doch ein sehr vielschichtiges Gefühl. Wir alle lieben viele Menschen auf unterschiedliche Weise. Und dagegen ist auch überhaupt nichts einzuwenden. Ein bisschen mehr Realitätssinn, glaube ich, würde uns allen gut tun. Meine Mutter also erschrak bei meinem ersten Aussprechen des Unaussprechlichen. Bei den folgenden Malen haben wir dann gemeinsam darüber lachen können.

Apropos lachen: Ich halte Humor für eine geradezu unabdingbare Grundvoraussetzung für ein zufriedenes Menschenleben, egal in welchem Alter. In meiner Familie wird viel über sich selbst gelacht und das gegenseitige Auf-den-Arm-Nehmen ist ein wesentlicher Teil unseres familieninternen Umgangs miteinander. Natürlich ist auch nicht zu verheimlichen, dass man nicht immer in der Stimmung ist, sich über das Frotzeln der anderen zu amüsieren. Aber die Grundhaltung, weder sich selbst noch das Leben als solches über die Maßen ernst zu nehmen, habe ich zu allen Zeiten meines Lebens als überaus hilfreich empfunden.

Unsicher bin ich darüber, ob sich Humor lernen lässt, wenn es weder zu jemandes Charakter noch zu jemandes familiärem Umfeld gehört. Hilfreich wäre das aber sehr – ich habe nämlich Folgendes auf einer Internetseite gefunden:

> „Unser Gehirn kann nicht unterscheiden, ob wir lächeln und uns wirklich freuen, oder ob das Lächeln nur aufgesetzt ist. Wenn wir lächeln, werden unsere Gesichtsmuskeln, die wir beim

> Lachen gebrauchen, angespannt und Signale ans Gehirn gesendet, die ein Glücksgefühl erzeugen. Um glücklicher zu sein und sich besser zu fühlen, ist es hilfreich, sich aufrecht hinzustellen und drei Minuten breit zu lächeln. Innerhalb kurzer Zeit beginnt man, die Freude wirklich zu fühlen.“

Vielleicht würde es helfen, diese Behauptung zumindest einmal täglich auf ihre Wirksamkeit hin zu überprüfen. Übrigens sehen wir auch besser aus, wenn wir lächeln, wie ich im Fernsehen an mir habe sehen können.

Die Untersuchung zu Art und Häufigkeit zwischenmenschlicher Kontakte hat mich in einem Verhalten bestärkt, das ich schon seit vielen Jahren als einen wesentlichen Teil meiner altersbedingten Freiheit betrachte: Ich treffe mich nur noch mit Menschen, die ich mag, mit denen ich mich gut unterhalten kann, deren Anwesenheit mich in irgendeiner Weise positiv stimmt, die mich irgendwie weiterbringen. Ohne die wissenschaftlichen Ergebnisse gekannt zu haben, entschied ich mich für die Art des Zusammenseins, nicht für die Häufigkeit. Ich tue das nun schon seit langen Jahren nicht etwa intuitiv, sondern sehr bewusst. Ich überlege mir genau, wo ich hingehen und wen ich treffen möchte – und ebenso genau, wo ich nicht hingehen und wen ich nicht treffen möchte.

Die Auswahl, die wir bei unseren Kontakten treffen, sollte auch unsere Familienangehörigen betreffen. Eine Freundin von mir glaubt, beobachtet zu haben, dass diejenigen, die Enkel und Enkelinnen haben, mehr Freude in ihrem Leben haben als diejenigen, die keine haben. Das mag stimmen, aber Enkel zu haben, liegt nun einmal außerhalb unserer Einflussmöglichkeiten. Und ob sie immer nur Freude bereiten, steht auf einem anderen Blatt. Eine andere Freundin von mir, deren eigener Sohn offenbar nicht gewillt ist, die Familie mit Enkeln zu versorgen, hat aus der Not eine Tugend gemacht: Sie hat sich zunächst im Rahmen einer Art Nothilfe um die Kinder einer berufstätigen Frau gekümmert und ist über die Zeit zu einer wahrhaftigen Oma geworden, die auch so von den Kindern genannt wird. Das ist in diesem Fall besonders anrührend, weil die EnkelInnen der weißen, grauhaarigen Frau dunkelhäutig und schwarzhaarig sind.

Zum Thema Enkel möchte ich allerdings andersherum noch anmerken, dass Großeltern auch Nein sagen dürfen. Sie haben ein Recht auf ihr eigenes Leben. Eine Freundin von mir hat sich über lange Jahre zweimal pro Woche um ihre beiden Enkel gekümmert. Als sie fand, dass die beiden Teenager sie nun nicht mehr brauchten und sie selbst ihre Zeit auch noch einmal für etwas anderes gebrauchen wollte, teilte sie das der Familie rechtzeitig vor Beginn des neuen Schuljahres mit. Dennoch reagierte ihre Schwiegertochter ausgesprochen scharf auf die Ankündigung, was meiner Freundin mehrere schlaflose Nächte einbrachte.

Apropos irgendwo hingehen bzw. nicht hingehen. Aus meinem engeren Freundeskreis kenne ich das weniger, aber ich höre von anderen – vor allem weiblichen – Menschen, die sich nach Einbruch der Dämmerung nicht mehr gern aus dem Haus bewegen. – Jetzt überlege ich schon seit fünf Minuten, wie ich mein Unverständnis für ein solches Verhalten in höfliche Worte fassen kann, dies umso mehr, als mein Unverständnis absolut ist. An dieser Stelle fehlt es mir wirklich an Empathie, also an der Fähigkeit, mich in die Situation anderer Menschen hineinzuversetzen. Ein Freund hat mir deswegen versucht zu erklären, es handele sich um ein nachvollziehbares Sicherheitsbedürfnis.

Nein, tut mir leid, das kann ich nicht nachvollziehen. Jedes Jahr bemüht sich unsere Polizei, anhand der Kriminalstatistik zu belegen, dass zum einen der Mensch in jedem Alter Opfer eines Verbrechens werden kann, zum anderen aber, dass Verbrechen seit vielen Jahren zahlenmäßig zurückgehen. Die Bemühungen der Polizei ändern aber scheinbar nichts am subjektiven Empfinden der Bürger und Bürgerinnen.

Es werden übrigens, was für viele Menschen überraschend ist, mehr Männer als Frauen umgebracht. Vergewaltigungen betreffen eher Frauen als Männer, aber das sollte in unserem Alter nun wirklich kein Thema mehr sein, um das wir uns Sorgen machen müssten. Eher schon Hand- bzw. Brieftaschenraub, gegen den wir uns aber wappnen können. Es ist immer noch Zeit für einen Selbstverteidigungskurs, und sollten Sie zur ängstlichen Sorte Mensch gehören, würde ich Ihnen unbedingt dazu raten. Da lernt man vor allem selbstbewusstes Auftreten und das ist sowohl nach meiner persönlichen Erfahrung als auch nach

Meinung der Fachleute der beste Schutz gegen AngreiferInnen.

Als ich mich im Zuge meiner Sprachreisen nach Palermo aufmachte, war eine nicht unerhebliche Anzahl meiner FreundInnen entgeistert: als Frau allein, noch dazu als alte Frau in die Höhle der Mafia? Ich muss bei solchen Bemerkungen immer lachen. Warum um alles in der Welt sollte sich die Mafia mehr für mich interessieren als der israelische Geheimdienst? Außerdem, hätte ich nicht gewusst, dass Palermo die Hochburg der Mafia sein soll, hätte ich es an nichts, aber auch an gar nichts bemerkt. Ich war auch schon mal in Athen während einer gewaltsamen Demonstration der Griechen gegen ihre Regierenden. Davon habe ich später zu Hause in der Zeitung gelesen, bemerkt habe ich nichts davon.

Die meisten der verschiedensten Delikte haben mitnichten zugenommen, wie die Fachleute nicht müde werden, uns alle Jahre wieder mitzuteilen. Aber ich fürchte, sie kämpfen vergebens gegen eine Schwemme von Krimis in Fernsehen, Internet und Büchern an. Wenn wir uns das regelmäßig ansehen, muss ja der Eindruck entstehen, hinter jeder Tür, unter jedem Bett, hinter jedem Busch, in jeder Tiefgarage lauere ein Verbrecher und auf jedem Dach läge ein Scharfschütze. Ein wenig mehr Realitätssinn wäre hier hilfreich. Und/oder andere Unterhaltungsprogramme.

Die Medien spielen in diesem Zusammenhang auch eine unrühmliche Rolle. Über Abertausende von Situationen im Leben, die völlig reibungslos verlaufen, wird nicht berichtet. Aber wenn der 10.000ste Fall eintritt, in dem etwas schiefläuft, wird dieser groß aufgemacht. Hunderte von Freigängern in den Gefängnissen kommen stets zur verabredeten Zeit zurück. Darüber berichtet niemand. Aber wenn dann ein einziger flieht, steht es in fetten Lettern in den Zeitungen.

Was nicht nur dem subjektiven Sicherheitsgefühl hilft, sondern unser Leben tatsächlich sicherer macht, sind Vorsichtsmaßnahmen. Zum Beispiel bleibt es bei immerhin einem Drittel aller Einbrüche bei dem Versuch – in den Fällen nämlich, in denen Diebstahlsicherungen das Unterfangen zu langwierig machten. Die Polizei und jeder ordentliche Schlüsseldienst berät Sie gern. Die Polizei weist in dem Zusammenhang darauf hin, dass es Menschen gebe, die Sicherheitsvorkehrungen nicht für nötig hielten, weil sie gegen Einbruch versichert seien. Dabei werde weder berücksichtigt, dass emotional wertvolle Erinnerungsstücke nicht zu ersetzen seien, noch dass so ein Einbruch nicht leicht zu verkraften sei.

Wenig bekannt sei auch die Tatsache, dass sehr viel mehr geholfen werde, als allgemein angenommen, so berichtet die Kriminalpolizei. (Ebenso wie sehr viel mehr gefundene Gegenstände in Fundbüros abgeliefert werden, als wir unterstellen.) Jedoch wird das in den Medien ganz anders dargestellt, da hören wir vorwiegend von den Fällen, in denen nicht geholfen wurde. Sollten Sie in eine Notsituation gelangen, so rät die Polizei, Passanten direkt anzusprechen und nicht allgemein um Hilfe zu rufen. Sieht man hingegen, dass jemand Hilfe benötigt, sollte man nicht den Aggressor ansprechen, sondern die Person in Not, ganz egal mit welchen Worten.

Das gebe dieser die Möglichkeit, der Situation zu entkommen.

Wir waren bei Kontakten zu anderen Menschen, die wir pflegen müssen und von denen wir uns durch nichts abhalten lassen sollten. Jedes Mal, wenn ich meine Freunde und Freundinnen in den USA und in Kanada besuche oder auch, wenn sie ihrerseits in Europa zu Besuch sind, bin ich zutiefst beeindruckt von ihrer Fähigkeit, Kontakt zu anderen Menschen aufzubauen. Bei einem ihrer Besuche bei mir musste ich meine kanadische Freundin immer wieder mal für zwei oder drei Stunden alleinlassen, um nach meiner alten Mutter zu sehen. Seitdem sage ich immer: Die kannst du fünf Minuten an irgendeiner Straßenecke abstellen, und wenn du wiederkommst, ist sie mit irgendjemandem im Gespräch. Und mit Gespräch meine ich nicht über das Wetter. Das mit dem Wetter funktioniert bestens in England, führt allerdings auch dort schnell ins Leere. In Kanada habe ich das nicht als Thema erlebt. Auf der Gartenparty meiner Freundin anlässlich ihres 60. Geburtstags kannte ich kaum jemanden flüchtig und niemanden näher. Weshalb ich mir als die Deutsche, die ich bin, ein wenig Sorgen machte. Das war gänzlich unnötig: Ständig stellte sich mir irgendjemand vor und ruck zuck war ein schönes Gespräch im Gange.

Bei meinen amerikanischen Freunden habe ich das ebenso erlebt. Sie sind regelmäßig aus beruflichen Gründen in Hamburg und schwärmen geradezu von der Liebenswürdigkeit und Kontaktfreudigkeit der Hamburger. Sie wollen mir kaum glauben, dass die Hamburger diesen Ruf bei uns nun nicht gerade genießen und dass es vor allem die Fähigkeit meiner Freunde selbst ist, die aus ihrem Gegenüber – Hamburger oder nicht – einen aufgeschlossenen Menschen machen.

Ehrlich gesagt, ich bin da immer voller Neid. Was für eine wunderbare Fähigkeit! Ich nehme an, dass die Menschen in Nordamerika dieses Zugehen auf andere Menschen von klein auf von den Erwachsenen vorgelebt bekommen und sie es daher wie selbstverständlich übernehmen. Ein junger amerikanischer Freund von mir findet hingegen nicht, dass seine Landsleute kontaktfreudiger seien als wir Deutsche. Er meint, das habe mehr mit dem Charakter eines Menschen zu tun als mit seiner Nationalität und deshalb fände ich ganz sicher auch in seiner Heimat Menschen ohne diese Fähigkeit. Ich unterstelle, dass er das besser weiß als ich, aber dann muss ich immer großes Glück gehabt haben, denn mir ist noch keiner begegnet.

Auf meinen jährlichen Geburtstagsfeiern bin ich dazu übergegangen, meine Freunde und Freundinnen zu bitten, doch auf die anderen Gäste zuzugehen. Ich erzähle ihnen dann von meinen nordamerikanischen Erfahrungen. Tatsächlich habe ich den Eindruck, dass mein Freundeskreis über die Jahre besser darin geworden ist. Apropos Geburtstagsfeiern. Wagen Sie sich nicht, mir zu gestehen, dass Sie Ihre Geburtstage schon lange nicht mehr feiern, weil es so fürchterlich ist, noch älter geworden zu sein. Was könnte es für einen besseren Anlass geben, die Menschen, die Ihnen nahestehen, miteinander bekanntzumachen. Ja, auch ich habe Freunde und Freundinnen, die sich regelmäßig vor meinen Partys drücken, was ich überaus bedauerlich finde. Mit den Ablehnungen habe ich gelernt zu leben. Da ich mitten im schönsten Urlaubsmonat Geburtstag habe, bekomme ich schon seit Jahrzehnten immer sehr viele Absagen und habe mich daran gewöhnt. Schlimmstenfalls also erhält man eine Abfuhr. Aber wir sind in unserem Alter doch gewohnt, damit umzugehen.

Kürzlich las ich in meiner Tageszeitung die Überschrift: „Freunde mit 65 Jahren Altersunterschied“. Der Artikel erzählt die Geschichte einer 22-jährigen Studentin, die sich ehrenamtlich um eine 87-jährige Dame kümmert, und wie sie über die Zeit zu Freundinnen geworden sind. Mit 65 Jahren kann ich nicht mithalten, aber mein jüngster Freund (im doppelten Sinn des Wortes) ist 47 Jahre jünger als ich. Und das kam so: Als meine amerikanischen Freunde die Nachricht bekamen, dass der junge Mann aus beruflichen Gründen nach Düsseldorf ziehen würde, brachten sie uns per E-Mail zueinander. Ich dachte noch, der Arme! Jetzt muss er auch noch mit mir Kaffeetrinken gehen! Denn natürlich habe ich mich nicht getraut, meinen begeisterungsfähigen Amerikanern die Freude zu nehmen. Aber der junge Mann und ich verstanden uns sofort blendend und unterhielten uns aufs Angeregteste.

Am Ende eines solchen ersten Zusammentreffens mache ich seit Jahren Folgendes, insbesondere wenn mein Gegenüber jünger ist als ich: Ich signalisiere entweder auf eindeutige Weise, dass mir das Zusammensein große Freude bereitet hat und ich es gern wiederholen würde. Oder ich signalisiere höfliche Distanz, wenn dem nicht so war. Dann überlasse ich dem oder der Anderen die Initiative. Nach meiner Erfahrung funktioniert das in beiden Fällen: Menschen bemerken die Distanz und melden sich nicht mehr, oder sie nehmen tatsächlich nach einer gewissen Zeit wieder Kontakt mit mir auf. In jedem Fall aber haben sie die Wahl.

Licht hilft übrigens auch gegen (Alters-) Depressionen, sagen die Fachleute. Ein Freundespaar von mir schwört auf künstliches Licht. Beide haben sich extra eine dafür konstruierte Lampe angeschafft, vor der sie jeden Morgen Zeitung lesend eine halbe Stunde verbringen. Natürlich könnten Sie auch täglich an die Luft gehen – oder genauer: ins Licht gehen. Sonne muss es übrigens nicht sein, Licht genügt. An jedem Tag eine halbe Stunde wäre, wie es scheint, optimal. Sie schlagen hier gleich drei Fliegen mit einer Klappe, so Sie denn im Licht einen Spaziergang machen: erstens körperliche Bewegung, zweitens Lichttherapie. Dann könnten Sie sich auch noch auf eine Parkbank setzen. Hierbei üben Sie, drittens, Ihre sozialen Fähigkeiten: Nehmen Sie sich vor, mit dem Nachbarn oder der Nachbarin auf der Bank ein Schwätzchen zu halten. Die Initiative dazu war zwar nicht mein Verdienst, sondern das Verdienst meines Banknachbarn, doch deklamierte ich neulich im zeilenweisen Wechsel mit dem 80-jährigen Herrn an meiner Seite Schillers „Bürgschaft". Zu Beginn hatten wir reichliche Lücken in unserer Erinnerung, aber dann fielen uns immer noch mehr Zeilen, die wir vor rund 60

Jahren gelernt hatten, ein. Der junge Mann auf meiner anderen Seite schüttelte sichtbar den Kopf. Ob aus Ver- oder aus Bewunderung kann ich nicht sagen.

Licht, Park und Kontakte bringen mich noch auf Hunde. Sie sind als Begleiter für die oder den Alleinlebenden unschätzbar. Aber das will gut überlegt sein. Ein Hund ist ein Lebewesen mit eigenen Bedürfnissen. Er ist nicht – oder zumindest nicht ausschließlich dafür da, die Bedürfnisse eines Menschen zu erfüllen. Sollten Sie zum Beispiel nicht mehr gut zu Fuß sein, können Sie einem großen Hund nicht mehr die nötige Bewegung verschaffen. Aber auch ein kleiner Hund muss zumindest dreimal täglich hinaus – bei Wind und Wetter. Zu bedenken ist auch, was Sie mit dem Hund machen, wenn Sie verreisen, und sei es auch nur für ein Wochenende. Aber falls Sie jemals mit einem Hund in einem Park waren, dann wissen Sie, wie schnell man mit anderen Menschen ins Gespräch kommt, wenn man einen Hund bei sich hat.

Apropos andere Menschen. Für zweckfreies, aber fröhliches, gute Laune machendes Beisammensein halte ich Männer für geeigneter. Zumindest ist das meine Beobachtung. Ich bewundere – das meine ich ganz ernst – ihre Fähigkeit, in einer Gruppe unter ihresgleichen ein paar Stunden nichtssagender, aber sehr frohgemuter Zeit miteinander zu verbringen. Besonders gern nehmen sie einander dabei wohlwollend auf den Arm.

Nicht, dass wir in reinen Frauengruppen nicht ausgiebig miteinander lachen würden, aber es scheint mir schon irgendwie anders zu sein. Die Schwere des täglichen Lebens durch ein paar Stunden Leichtigkeit des Seins zu ersetzen, scheint Männern näherzuliegen als uns Frauen.

Vielleicht hängt das aber auch damit zusammen, dass wir Frauen uns – allgemein gesprochen – im öffentlichen Raum nicht so selbstsicher, nicht so selbstbewusst bewegen wie Männer. Zum Beispiel fällt es uns schwer, allein in eine Kneipe zu gehen. Wir schaffen es schon deutlich eher, nachmittags in ein Café zu gehen, aber das ist im Gegensatz zur Kneipe kein Raum, in dem es üblich wäre, mit fremden Menschen ins Gespräch zu kommen. Eine inzwischen verstorbene Nachbarin von mir ging bis zu ihrem späten Lebensende regelmäßig allein in ein Café. Mit den Kellnerinnen, die sie mit der Zeit kannten, wechselte sie ein paar Worte und – wie sie mir erzählte – fühlte sie sich inmitten des geschäftigen Treibens nicht so allein.

Können wir Frauen in unserem Alter die Leichtigkeit und das Selbstbewusstsein der Männer noch erlernen? In dem wunderbaren Roman des Literatur-Nobelpreisträgers Kazuo Ishiguro *Was vom Tage übrigblieb* versucht der Butler mit Rücksicht auf seinen neuen, amerikanischen Arbeitgeber zu lernen, witzig zu sein. Es gelingt ihm nicht, weil es weder seinem Wesen, noch seiner Überzeugung entspricht. Komiker hingegen, so habe ich gelesen, üben es, witzig zu sein – da ist also vielleicht noch Hoffnung für uns Normalbegabte.

Aktivitäten

> Man kann das Leben nur rückwärts verstehen, aber man muss es vorwärts leben.
>
> *Søren Kierkegaard*

Zwischenmenschliche Beziehungen, Freunde und Freundinnen braucht jeder Mensch. Aber selbst wenn wir kontaktfreudig sind und unsere FreundInnen und Familienangehörigen regelmäßig treffen, bleibt noch sehr viel Zeit zu füllen übrig. Wir hatten schon gemeinsam überlegt, dass das Hängen in der Vergangenheit für eine zufriedene Gegenwart nicht zielführend ist, weder das Hadern noch das Verklären hilft uns weiter. Die Buddhisten halten es für wichtig, im Hier und Jetzt zu leben – also weder in der Vergangenheit noch in der Zukunft. Wie ich schon sagte, scheint mir das für uns alte Menschen besonders wichtig zu sein, weil viele von uns dazu neigen, in der Vergangenheit hängenzubleiben, sie rückblickend zu verklären oder zu verdammen und uns damit die Gegenwart zu verderben.

Bevor wir jedoch so richtig mit dem Leben in der Gegenwart beginnen können, müssen wir eine Weile innehalten und nachdenken. Was genau wollen wir mit dem verbleibenden Viertel oder Fünftel unseres Lebens anfangen? Was ist noch zu erledigen? Welche Wünsche sind noch nicht erfüllt worden?

Was hatten wir immer schon einmal machen wollen?

Kürzlich fragte mich ein junger Mann, was denn meine Träume für die Zukunft seien. Ich musste lachen und versuchte ihm zu erklären, dass ich irgendetwas Entscheidendes in meinem Leben falsch gemacht hätte, wenn ich mit 70 immer noch unerfüllte Träume hätte. Ich hatte nicht den Eindruck, dass ihn das überzeugte. Er schien es eher traurig zu finden. Natürlich gibt es noch Dinge, die ich gerne machen oder noch einmal machen würde, aber wenn ich sie nicht mehr machen kann, ist es auch gut.

Den meisten Menschen fallen bei diesen Überlegungen wahrscheinlich als erstes Reiseziele ein. Anlässlich meines 65. Geburtstages überlegte auch ich mir, wo ich vor meinem Lebensende noch hinfahren wollte. Das waren Istanbul, Israel und Ägypten. In Istanbul und in Israel bin ich inzwischen gewesen. Die politische Lage in Ägypten ließ mich bisher zögern, aber allzu langes Zögern kann ich mir in meinem Alter nicht mehr leisten. Auf die verbreitete Bemerkung „Das hat Zeit", antwortet mein großer Bruder inzwischen immer mit: „Zeit habe ich in meinem Alter nicht mehr." Deshalb werde ich demnächst nach Ägypten reisen – Lage hin, Lage her.

Jedoch sind Reiseziele vergleichsweise harmlos zu entscheiden, und sie berühren bestenfalls ein bis zwei Monate im Jahr. Eine Freundin von mir war tatsächlich während unseres Winters für zwei Monate in Nordafrika. Es hat ihr sehr gefallen, jedoch bleibt es dabei: Entscheidender sind die Überlegungen zur täglichen Gestaltung der sehr viel längeren Zeit zu Hause. Der Ansatz ist hingegen ähnlich: Was hat bisher gefehlt?

Vielleicht hätten Sie immer schon einmal malen wollen. Oder tanzen. Oder wandern. Oder mehr ins Kino gehen. Oder in die Oper. Oder in Kunstausstellungen. Vielleicht ist der Kontakt zu Familienmitgliedern, Freunden und Freundinnen immer zu kurz gekommen. Wie bei allen Entscheidungen hilft es meiner Erfahrung nach, die eigenen Überlegungen mit anderen Menschen zu teilen und deren Überlegungen in die eigenen Entscheidungen mit einfließen zu lassen. Vielleicht sind die GesprächspartnerInnen ganz anderer Meinung, aber die Auseinandersetzung hilft, zur eigenen Klarstellung zu kommen.

Sich selbst zu erkennen, im positiven wie im negativen Sinne, ist ein riesengroßer Vorzug des Älterseins, wie ich schon festhielt. Auch wenn es manchmal wehtut. Es hilft insbesondere – und da waren wir stehengeblieben – bei der Suche nach sinnvollen, erfüllenden Tätigkeiten im Alter. Und vielleicht auch Veränderungen. Vielleicht sind jetzt auch einmal andere Dinge dran als die vergangenen. Buchstäblich 50 Jahre meines Lebens war ich passionierte Theaterliebhaberin. Von dem Moment an, in dem ich das erste Mal im Kreise meiner 12-jährigen Klassenkameradinnen ins Theater geschickt wurde, hat es mich gepackt. Das war Ende der 50er-Jahre und das Düsseldorfer Schauspielhaus unter Karl-Heinz Stroux war bundesweit berühmt. Die erste Aufführung meines Lebens war Shakespeares *Was ihr wollt*. Es dürfte wenige Stücke geben, die sich für diesen ersten Moment besser eignen. Da ist alles drin, was ein junges Mädchen begeistert: Liebe, Sehnsucht, Eifersucht, Trauer, Intrige, Intelligenz und Witz.

Ich war hin und weg – und blieb es. Von da an ließ ich sowohl bei mir zu Hause als auch unterwegs keine Gelegenheit aus, die jeweiligen Theateraufführungen zu besuchen.

Ich hätte niemals für möglich gehalten, dass diese Faszination jemals zu Ende gehen würde. Sie lief einfach aus. Eine gleichaltrige Freundin mit ähnlicher, lebenslanger Passion begann mich vor ein paar Jahren nach jeder Aufführung in strengem Ton zu fragen: „Und, Britta, was hast du dazu gelernt?" Genau da liegt das Problem. Irgendwann können einem die Stücke nichts Neues mehr beibringen, weder der x-te *Hamlet* noch die neuen Autoren und Autorinnen. Ich habe ein paar Jahre gebraucht, mir das einzugestehen und erst recht meinem Freundeskreis – gehören doch zu meinem bildungsbürgerlichen Hintergrund selbstverständlich regelmäßige Besuche der Orte höherer Bildung, als da sind Theater, Konzertsaal, Opernhaus, Ausstellung und Museum.

All das hat irgendwann aufgehört, mich sonderlich zu interessieren. Nur Literatur und Film haben komischerweise ihre Anziehungskraft auf mich nicht verloren. Vielleicht ändert sich auch das noch in der Zukunft. Veränderung macht vielen Menschen Angst, dabei habe ich oftmals selbst erleben und bei anderen miterleben dürfen, wie viel neue Kraft durch eine – häufig ungewollte – Veränderung entstehen kann. Man weiß nie, wofür es gut ist, pflegte unsere Mutter zu sagen, wenn bei einem ihrer vier Kinder wieder einmal etwas nicht so gelaufen war, wie die sich das vorgestellt hatten.

Wenn Sie also jetzt darüber nachdenken, wie Sie Ihre letzten Lebensjahre mit Sinn und Verstand, mit Freude und Genuss, mit Herz und Gefühl, mit geübten Gewohnheiten und neuen Herausforderungen füllen können, dann denken Sie bitte in alle, wirklich alle Richtungen. Auch in diejenigen, die Ihnen bisher verschlossen schienen und wagen Sie ggf., zu neuen Ufern aufzubrechen.

Ganz besonders möchte ich Ihnen dabei die Annahme eines Ehrenamtes ans Herz legen. Insbesondere für den Fall, dass Sie mit dem Gefühl, nutzlos geworden zu sein, zu kämpfen haben. Ich weiß wohl, dass viele Menschen finden, der Staat verlasse sich zu sehr auf Ehrenamtler bei Aufgaben, die er selbst übernehmen sollte. Dieser Meinung würde ich mich zwar im Prinzip anschließen, jedoch gibt es zwei sehr gewichtige Einwände dagegen: Erstens habe ich nicht den Eindruck, der Staat würde diese Aufgaben übernehmen, wenn wir Ehrenamtler es nicht täten. Auf der Strecke blieben also diejenigen, denen wir in irgendeiner Weise behilflich sein können. Zweitens aber gibt es kaum etwas Befriedigenderes als ein Ehrenamt. Ganz besonders, wenn wir gerade bei unserer Gemütslage sind. Nirgendwo – wirklich nirgendwo – bekommen wir so viel emotionale Wärme zurück, wie beim Ausüben eines Ehrenamtes. Deshalb – so sage ich immer – üben wir ein Ehrenamt nicht aus, weil wir so ehrenvoll sind, sondern weil wir eine ganze Menge zurückbekommen. Es ist ein Geben und Nehmen. Und das genau ist das Tolle daran. Ich teile nicht die Auffassung der Bibel, dass Geben seliger sei denn Nehmen (Apg 20,35).

Das ist mir zu einseitig, denn es berücksichtigt gerade nicht, dass wir beim Geben so viel zurückbekommen, dass auch wir zu Nehmenden werden.

Ich glaube nicht einmal, dass das Geben lange funktionieren würde, wenn es so einseitig wäre. Ich halte die Menschen nicht für so selbstlos, dass sie für längere Zeit etwas machen würden, das ihnen ganz und gar nichts brächte. Um der Wahrheit die Ehre zu geben, ich halte die Menschheit überhaupt nicht für selbstlos. Man braucht nur auf einen Spielplatz zu gehen und die zwei- bis dreijährigen Kinder ein Stündchen zu beobachten: Wie sie streiten, wie sie sich gegenseitig Dinge wegnehmen, wie sie aufeinander losgehen, wie sie jemanden auslachen oder gar ausgrenzen. Es sind die Mütter (und glücklicherweise immer mehr auch die Väter), die sich sichtbar bemühen, ihre Sprösslinge zu anständigen Menschen zu erziehen. Naturgegeben scheint mir der menschliche Anstand gerade nicht zu sein.

Es ist deutlich einfacher, sich anständig zu benehmen, wenn uns dieser Anstand etwas bringt. Ja, ich weiß, es ist nicht üblich, das so offen anzusprechen, aber wahr scheint es mir dennoch zu sein. Und genau so funktioniert Ehrenamt: Es ist schlicht ein gutes Gefühl, sich selbst als anständigen Menschen betrachten zu können und – mindestens ebenso wichtig – als solcher von anderen Menschen betrachtet zu werden. Dagegen ist überhaupt nichts einzuwenden. Reine Selbstlosigkeit halte ich nicht für eine gute Idee. Aber ein Geben und Nehmen ist für beide Seiten eine wunderbare Sache.

Bevor Sie sich also – wie ich hoffe – für die Ausübung eines Ehrenamtes entscheiden, will gut überlegt sein, welches das richtige für Sie ist.

Die Möglichkeiten sind nämlich schier unendlich und wenn Sie glücklich in Ihrem Ehrenamt werden sollen und wollen, dann ist entscheidend, dass es zu Ihnen passt. Wiederum würde ich Ihnen raten, das mit Menschen zu bereden, deren Urteil Sie vertrauen. Ich zum Beispiel hatte mich bei meinem ersten Versuch vor Jahren im Stadtteil-Laden angemeldet, in dem Lebensmittel an Bedürftige ausgegeben wurden. Noch bevor ich dort antreten konnte, fragte eine Freundin mich streng, warum ich denn ausgerechnet Lebensmittel austeilen wollte; das könne doch jeder Mensch und ich sollte etwas machen, das meinen Fähigkeiten und Interessen näherlag. Das leuchtete mir zwar ein, aber was waren denn meine Interessen, die in irgendeinem Zusammenhang mit einem Ehrenamt stehen konnten? Die Freundin schickte mich ins Frauenhaus, weil die Belange von Frauen mir wichtig waren und sind.

Ich habe unheimlich viel bei ihnen gelernt: Über unseren Sozialstaat, wie darin Hilfe organisiert wird, was gut ist, was zu wünschen übriglässt und was mein persönlicher, spezifischer Beitrag dabei sein kann; auch über die Situation dieser Frauen in unserem Land, warum sie sich gezwungen sehen, ihr Zuhause und ihre Familien zu verlassen und sich einem Berg von Schwierigkeiten stellen müssen, der so groß ist, dass er nicht selten dazu führt, den Weg zurück als den einfacheren erscheinen zu lassen.

Aber nach ein paar Jahren des Zuhörens gab es zwei Gründe, aus denen heraus ich weiterziehen musste. So schrecklich jede einzelne Geschichte für die betreffende Frau auch ist, es ist im Prinzip immer wieder die gleiche Geschichte: Hinter jeder Frau, die sich genötigt sieht, in ein Frauenhaus zu fliehen, steht ein gewalttätiger Mann. Es gibt buchstäblich keinen anderen Grund, ein Frauenhaus aufzusuchen. Je mehr ich den Frauen zuhörte, je mehr beschäftigte mich die Frage, warum es so viele gewalttätige Männer gibt und was wir als Gesellschaft dagegen unternehmen sollten und könnten.

Bei einem Kaffeetrinken von fünf Frauen, die eine berufliche Fortbildung miteinander machten, sich also nicht besonders gut kannten, erzählte eine der Frauen von ihrem Ehrenamt in einem Gefängnis. Ich hatte ihr aufmerksam, aber schweigend zugehört. Als sie fertig war, sah sie mich direkt an und sagte: „Wäre das nicht etwas für dich?“ Damit hatte sie recht. Ich ließ mir sofort eine Kontaktadresse geben, stellte mich vor und begann wenig später als Betreuerin für männliche Gefangene zu arbeiten. Meine zuvor gestellte Frage nach der Ursache von Männergewalt habe ich später in einem Artikel zusammengefasst. (*Emma*, Mai/Juni 2017)

Nein, Sie müssen natürlich weder in ein Frauenhaus noch in ein Gefängnis – obgleich beide hochspannende Orte sind. Es gibt keine Wertigkeit der zu leistenden Arbeiten. Überlegen Sie allein oder mit vertrauten Menschen, was Ihre Stärken und Schwächen, was Ihre Interessen sind; was Sie geben können; was Sie glauben, nicht ertragen zu können. Die großen Sozialverbände – kirchlich organisiert oder nicht – haben sich inzwischen alle auf die zunehmende Bedeutung des Ehrenamtes eingestellt und beraten Sie bereitwillig, das richtige zu finden. Sind Sie gern persönlich mit Menschen zusammen oder ist es mehr die Organisation, die Sie interessiert? Denn auch Büroarbeit im weitesten Sinn fällt bei allen Organisationen an. Auch Garten- und Küchenarbeit übrigens. Suchen Sie hingegen den Kontakt zu Menschen, dann ist zu überlegen, zu wem Sie sich stärker hingezogen fühlen: zu Kindern oder Jugendlichen, zu Müttern oder Vätern, zu Frauen oder Männern, zu jungen oder alten Menschen. Geben Sie auch nicht gleich auf, wenn das zunächst gesuchte Ehrenamt aus welchen Gründen auch immer nicht zu Ihnen passt. Es ist überhaupt keine Schande, sich das einzugestehen, schade wäre es nur, wenn Sie nicht woanders das Passende suchen würden.

Im zweiten Schritt ist zu überlegen, wie viel Zeit Sie investieren wollen. Wir haben in unserem Alter zwar viel Zeit, die es sinnvoll zu gestalten gilt, aber Sie dürfen sich nicht überfordern, das bringt beiden Seiten nichts. Auch hier ist es völlig in Ordnung, nach einer gewissen Zeit zu überprüfen, ob die getroffene Vereinbarung für Sie so die richtige ist oder ob eine Korrektur vonnöten wäre.

Vereine jedweder Art sind auch eine schöne Sache für das emotionale Wohlbefinden. Gehen Sie in sich und/oder überlegen Sie wiederum mit Ihnen nahestehenden Menschen, welche Ihre Interessen sind. Und dann gehen Sie da probeweise hin.

Unsere Mutter hat bei einer anstehenden Entscheidung das Hingehen immer für äußerst wertvoll gehalten, und ich habe mehrmals in meinem Leben feststellen können, dass sie recht damit hatte.

„Da gehst du hin und dann wirst du sehen“, pflegte sie zu sagen. Und so ist es tatsächlich. Man sieht, man fühlt, man empfindet, ob diese Gruppe von Menschen, diese Tätigkeit einem liegt. Ob man sich vorstellen könnte, mit ihnen zusammen irgendetwas zu machen. Oder eben auch nicht.

Sich engagieren für was auch immer gibt Befriedigung. Das gilt sowohl für Tätigkeiten im Bereich des Ehrenamtes als auch der Vereine. Der Zusammenhalt der deutschen Gesellschaft wird in nicht unerheblichem Maße von unserem oft belächelten Vereins- und Ehrenamtswesen positiv geprägt. Hier lernen wir fremde Menschen kennen und schätzen. Hier lernen wir, über alle möglichen Schatten zu springen. Die Schatten und die Möglichkeiten sind schier unendlich. Ich sage immer, wer für sich nichts Passendes dabei findet, die oder der sollte sich mehr Sorgen um sich selbst machen als um diejenigen, denen wir hätten helfen oder mit denen gemeinsam wir etwas hätten machen können.

Vielleicht hängt es mit meinem Alter zusammen, aber ich sehe die Zukunft nicht mehr so positiv wie vielleicht noch vor zehn Jahren. Wenn mir damals jemand gesagt hätte, dass ich den Ausbruch eines Krieges in Zentraleuropa während meiner Lebenszeit noch einmal für möglich halten würde, hätte ich gesagt: „Du spinnst doch!“ Aber seit Kim

Jong-un, Putin, Assad, Erdoğan, Trump und Genossen ist mein Glaube an die Lernfähigkeit der Menschheit wieder mächtig erschüttert worden. Vielleicht war mein Vertrauen in die Menschheit noch nie so bescheiden wie heute.
Es bedarf ja offenbar nur eines einzigen Idioten, um den Weltfrieden wieder ins Wanken zu bringen. Ebenso offenbar findet dieser Idiot dann immer und überall AnhängerInnen.

Meine Hoffnung für uns in Europa ruht auf der (über)nächsten Generation und insbesondere auf den Frauen. Ja, ich weiß, Gegenbeispiele gibt es reichlich, aber ich bin dennoch der Meinung, dass wir dringend mehr junge Leute und mehr Frauen in Führungspositionen bräuchten. Oder Männer, die den Mut aufbringen, sich offensiv für Mitmenschlichkeit, Gerechtigkeit und Solidarität auszusprechen – und die nicht nur routinemäßige Sonntagsworte zum Thema Frieden finden.

Im Februar 2018 wurden wieder einmal an einer amerikanischen Highschool in Florida 17 junge Menschen von einem sogenannten Amokläufer erschossen. Jedes Mal, wenn so etwas passiert, schüttele ich fassungslos den Kopf darüber, dass der für mich als Europäerin so offenkundige Schritt zu strikten Waffengesetzen nicht gemacht wird. Jedes Mal gibt es zwar einzelne Stimmen in den USA, die das fordern, aber sie hatten noch nie eine Chance gegen das milliardenschwere Getöse der Waffenlobby. Jetzt ist es erstmals eine junge (!) Frau (!), die sich so vehement zu Wort gemeldet hat, dass ich lange Zeit die Hoffnung hatte, dieses Mal könnten sich die Waffengegner Gehör verschaffen.

Allerdings sieht es im Moment zu meinem größten Bedauern doch nicht so aus.

Und hier nun die Frage an uns Alte: Sollten, müssten wir uns einmischen? Oder sollen und können wir auf die Einsichten der Jungen vertrauen?

Wieder einmal bin ich hin- und hergerissen. Kurz vor dem Brexit war ich – wie die meisten Menschen um mich herum – der festen Überzeugung, die Briten würden einen so offenkundigen Unsinn niemals mehrheitlich unterstützen. Meine seit rund 25 Jahren in England lebende Schwester wusste es leider schon damals besser. Offenbar waren die jungen Briten mehrheitlich für Europa, die alten mehrheitlich dagegen. Da die Jungen aber überall auf der Welt weniger wählen gehen als die Alten, befürchtete meine Schwester das Schlimmste. Sie behielt recht, wie wir alle inzwischen wissen.

Das hat mich total umgehauen. Ausgerechnet meine Generation, die Nachkriegskinder, sind verantwortlich für den Brexit! Haben sie, die noch in Trümmern gespielt und Hunger gelitten haben, denn vergessen, aus welchem Grund der französische Außenminister Schumann dem deutschen Bundeskanzler Adenauer nach dem Krieg die Hand zur Versöhnung reichte? Denkt unsere (englische) Generation immer noch, Europa sei die Größe von Äpfeln, die Form von Gurken, der Name der Währung, Finanzkrise und Migration? Haben sie wirklich vergessen, dass es einzig und allein um Frieden ging und geht? Wieso wissen das die Jungen, die Krieg nur noch aus dem Fernsehen kennen, besser als wir Alten, deren komplette

Elterngeneration traumatisiert war und in eine Therapie gehört hätte?

Also ja, vielleicht können wir uns auf die Jungen verlassen. Aber wenn Sie sich politisch engagieren möchten, wäre Ihre Erfahrung sicher von großem Nutzen. In den letzten 20 Jahren hat eine ganze Reihe von jüdischen Deutschen es für ihre Pflicht gehalten, Kindern in den Schulen persönlich von den Gräueln der Nazizeit zu erzählen. Dazu bedarf es sicher einer bewundernswerten Selbstüberwindung. In Zeiten der erstarkenden Rechten können wir unsere Stimme gar nicht laut genug erheben. Wenn Sie die Kraft dazu in sich finden, ja, dann sollten Sie sich politisch engagieren. Selbst der inzwischen von der '68er-Revolution genervte Cohn-Bendit bezeichnete kürzlich in einer Rede Europa als „die letzte Utopie, für die es sich zu kämpfen lohnt“. Schöner lässt sich das nicht in Worte fassen.

Wehren Sie nicht gleich ab, wenn Ihnen jemand vorschlägt, sich (im weitesten Sinn) politisch zu engagieren. Sagen Sie nicht gleich nein. Bedenken Sie, was Leo Trotzki so formuliert hat: „Verantwortung entsteht dadurch, dass man nicht rechtzeitig Nein sagt.“ (Auf diese Weise sind manche Menschen, die ich kenne, zu Vereinsvorsitzenden, Schriftführern oder Kassenwarten geworden.)

Ihr politisches Engagement muss nicht unbedingt im engen Sinn von Parteipolitik ausgeübt werden, sondern im weiteren Sinne. Sie könnten sich einer der vielen lohnenswerten Initiativen anschließen, als da zum Beispiel sind: *Reporter ohne Grenzen*, die sich für die

Pressefreiheit einsetzen; *Terre des Femmes*, die sich für Frauen und Mädchen stark machen; *Terre des Hommes*, die sich für Kinderrechte engagieren; *Amnesty International* und *Human Rights Watch*, denen es um die Bewahrung der Menschenrechte geht; *Ärzte ohne Grenzen*, die ihre Hilfe in Krisengebieten anbieten; *Greenpeace*, die sich für Umweltschutz einsetzen; *Pulse of Europe*, die den europäischen Gedanken stärken wollen. Oder natürlich ebenso gut bei einer kleineren, örtlichen Organisation, die sich für die Verbesserung des eigenen Lebensraums einsetzt. Sie alle brauchen unsere Mitarbeit.

Oder Sie nehmen sich des vielleicht größten Problems unserer Tage an: der Eingliederung der vielen Flüchtlinge in unser Leben, unser Land, unsere Sprache, unsere Gepflogenheiten. Da wird noch mindestens 20 Jahre lang jede Hilfe gebraucht werden, die jemand bereit ist zu geben. Dabei dürfen wir bei aller tätigen Hilfe die Vermittlung unserer Werte niemals aus den Augen verlieren. Wenn unser Miteinander mit den Menschen vollkommen anderer Kulturen funktionieren soll, dann nur auf der Basis unserer Werte. Welche Werte das sind? Der Friedensforscher Wolfram Wette, der vor allem aus der Nazizeit Lehren zieht, umschrieb im Januar 2018 die Werte „der verschwindend kleinen Minderheit von Menschen, deren Werteprogramm intakt blieb“ in folgenden, einfachen Worten: „Wer in Not ist, dem muss geholfen werden!“

Der Kontakt mit den Fremden hat noch einen anderen, sehr positiven Effekt. Wie ich kürzlich im

Deutschlandfunk hörte, hat die Psychologin Grit Hein Experimente im Zusammenhang mit Vorurteilen, Fremdheit, Empathie und Hilfsbereitschaft gemacht. Dabei hat sie festgestellt, dass negative Vorurteile sich angesichts positiver persönlicher Kontakte sehr schnell wandeln können. Als die Testpersonen feststellten, dass die Hilfsbereitschaft der Fremden genauso groß war wie die eigene, änderte sich die Einstellung ihnen gegenüber schnell ins Positive. (Universität in Zürich)

Hilfsbereitschaft als solche aber ist nur die Basis, wenngleich eine wunderbare. Ich kann Ihnen gar nicht sagen, wie stolz ich auf meine Landsleute war und bin, die sich auch unter schwierigsten Umständen diese Grundtugend erhalten haben. Darüber hinaus aber haben wir Deutsche es mit unseren Werten ganz einfach: Wir brauchen nur die ersten 19 Artikel unseres Grundgesetzes zu lesen. Das ist ein ganz wunderbarer Text, den überhaupt jeder Mensch in regelmäßigen Abständen lesen sollte. Da haben sich drei Jahre nach dem Zusammenbruch des sogenannten Dritten Reiches 61 Männer und vier Frauen daran gemacht, eine Verfassung zu formulieren, die es uns Deutschen nie wieder möglich machen würde, in eine solch furchtbare Zeit hineinzuschliddern. Wir sind wieder in einer schwierigen Zeit, der Rechtspopulismus wächst in einem Maße, das ich noch vor einem Jahrzehnt für unmöglich gehalten hätte und deshalb ist jede und jeder von uns täglich gehalten, unsere Werte, wie sie im Grundgesetz stehen, zu leben und ggf. zu verteidigen. Irgendwo habe ich einmal gelesen: „Wenn du die Welt nicht verändern kannst, verändere deine Welt.“ Wenn jede und jeder von uns die eigene, kleine Welt täglich zum Positiven hin verändern würde, würde sich infolgedessen zwangsläufig die Welt verändern. Dafür würde es allerdings mehr bedürfen als die eine sprichwörtliche gute Tat pro Tag und Person. Für die Herausforderungen unserer Zeit ist Empathie gefragt. Eine Untersuchung belegt, dass die Fähigkeit zur Empathie der Studierenden in den USA innerhalb der letzten 30 Jahre um sage und schreibe 40 Prozent abgenommen habe. Am stärksten allerdings um die Jahrtausendwende, was die ForscherInnen mit der digitalen Revolution erklären. (University of Michigan, 2010) Das leuchtet mir total ein, denn die sogenannten Shitstorms haben sich bei Facebook und Konsorten überhaupt erst entwickelt. Dort konnten sie sich entwickeln, weil ein Mensch, der solche Widerwärtigkeiten über einen anderen Menschen öffentlich ausschütten möchte, natürlich anonym bleiben will.

Jedoch muss unsere Empathie mit Menschen, die ihr Land aus schierer Hoffnungslosigkeit verlassen haben, ihre Grenzen haben. Wir geben zu keinem Zeitpunkt auch nur einen einzigen unserer Werte preis, als da zum Beispiel sind: Trennung von Kirche und Staat, religiöse Toleranz, Demokratie, Gewaltenteilung, Rechtsstaatlichkeit, Gleichheit von Frauen und Männern, Meinungs-, Presse- und Versammlungsfreiheit. Wir geben zu keinem Zeitpunkt auch nur ein Zipfelchen davon her. Auch nicht mit dem Hinweis auf eine wie auch immer geartete andere Kultur. Hier bei uns haben wir einen weitgehenden Konsens, was unsere

Kultur betrifft – und nur der gilt. Reformation, Humanismus, Aufklärung und eine nicht enden wollende Kette von Kriegen haben uns nachhaltig geprägt. Vor diesem Hintergrund ist unser Grundgesetz entstanden, das uns bei Zweifeln ebenso weiterhilft, wie unser gesunder Menschenverstand, der ebenfalls an diesen Grundwerten geschult wurde.

Auf dem Höhepunkt der Flüchtlingskrise fuhr ich mit dem Zug von Berlin nach Düsseldorf. Kurz vor Düsseldorf bat mich der fließend Deutsch und Arabisch sprechende Schaffner (es macht mich immer sehr glücklich, solche gelungenen Beispiele von Integration zu erleben), ob ich bitte einer Gruppe von syrischen Reisenden den Weg vom Hauptbahnhof Düsseldorf zum Busbahnhof zeigen könnte, von wo aus sie in die Niederlande weiterfahren wollten. Die Gruppe bestand aus dem Vater in seinen 50ern, zwei Söhnen um die 30 und einem vielleicht sechsjährigen Enkelsohn. Einer der Söhne sprach rudimentäres Englisch. Auf dem Bahnhof angekommen, stellte ich sie irgendwo ab und erklärte, dass ich in drei Minuten mit meinem Fahrrad zurück sein würde. Als ich mich ihnen kurz darauf mit dem Fahrrad an der Hand näherte, sah ich in allen vier Gesichtern die blanke Überraschung darüber, dass ich tatsächlich zurückgekehrt war. Ich musste schmunzeln und dachte bei mir: Ja, auch das ist Deutschland: Wenn ich sage, ich komme zurück, dann komme ich zurück.

Wir gingen also gemeinsam zum Busbahnhof, wo ich sie einem dort ebenfalls wartenden freundlichen Holländer übergeben konnte.

Dann standen die vier nebeneinander vor mir, um sich zu bedanken und zu verabschieden. Ohne darüber nachzudenken, streckte ich einem nach dem anderen meine Hand entgegen. Die drei Erwachsenen ergriffen sie, ohne zu zögern. Dem Kind wurde irgendetwas auf Arabisch erklärt, dann nahm auch er meine Hand, schüchtern lächelnd.

Ein türkischer Freund von mir würde fortfahren mit: „Was ich damit sagen will..." Aber ich denke, Sie haben das auch so verstanden.

Natürlich gibt es noch sehr viele andere wichtige Aspekte der Zukunft, für die Sie sich engagieren könnten. Zum Beispiel für die Umwelt im weitesten Sinne. Wir sind dabei, unseren schönen blauen Planeten kaputtzumachen. Denken Sie nur an Ozonloch, Müllberge, verdreckte Meere, abgeholzte Regenwälder, Pestizide auf Feldern und Plantagen, Individualverkehr, Bevölkerungswachstum, Klimawandel, Artensterben, Massentierhaltung und wahrscheinlich noch einiges mehr. All das bedarf dringend unseres Umdenkens. Zu meinem Beschämen habe ich gerade gelesen, dass wir Deutschen im europäischen Vergleich „Spitzenreiter beim Verpackungsmüll" sind. Und ich habe immer gedacht, wir seien Vorreiter! Das scheint daran zu liegen, dass das von uns verwendete Plastik sich nicht zum Recyceln eignet. Haben unsere europäischen Nachbarn besseres Verpackungsmaterial?! Wenn ich ein deutscher Ingenieur wäre, würde mich das ziemlich fuchsen – schließlich ist dem nichts zu „schwör".

Jede und jeder von uns könnte, nein, sollte wiederum in unserer eigenen kleinen Welt beginnen: Wussten Sie, dass allein wir Deutschen jeden Tag über eine Million Kaffeekapseln auf den Müll schmeißen? Und dass sich diese Kapseln nur schwer recyceln lassen? Zudem ist der Rohstoffverbrauch pro Tasse Kaffee in den 2000er Jahren durch die Kapseln deutlich angestiegen.

Nun sind wir sehr ernst geworden, aber sind wir Alten nicht für den Erhalt der Werte und für den Zustand der Erde zuständig? Auch dafür, dass überzeitliche Werte ebenso intakt an die nächste Generation weitergegeben werden wie der Erdball? Auf der einen Seite, sagt die Forschung, macht das Alter ausgeglichener, fröhlicher, freundlicher. Aber auf der anderen Seite können wir nicht mehr – wie in unserer Jugend – die Außenwelt beiseiteschieben und uns selbst als Nabel der Welt betrachten. Gerade wir in Deutschland wissen, was passieren kann, wenn wir uns nicht einmischen, wenn wir andere einfach machen lassen – egal was. Die allerneuesten Umfragen zum Thema Brexit ergeben noch ein Lehrstück: Diejenigen, die damals nicht zur Wahl gegangen sind, waren im Verhältnis vier zu eins für den Verbleib ihres Landes in der Europäischen Union! Über die Bedeutung dieser Zahl müssen wir einen Moment nachdenken, denn das heißt: Wären diejenigen, die sich durch Nichtwählen ihrer Verantwortung entzogen haben, wählen gegangen, müssten weder die BritInnen noch wir anderen EuropäerInnen unsere Kraft an einem Scheitern abarbeiten!

Religion

Religion ist eine tröstende Phantasie.

Joyce Carol Oates

Es bleibt ernst und jetzt wird es auch noch ein wenig knifflig. Denn zwei große, schwierige Bereiche sind noch anzusprechen, wenn wir von einem zufriedenen Gemüt sprechen: die Religion und die Liebe. Ich sage es lieber gleich: Gegen beides habe ich erhebliche Vorbehalte, nicht etwa aus Prinzip, sondern infolge jahrzehntelanger Erfahrungen, Beobachtungen und Überlegungen. Dies vorab: Wenn Ihnen das eine oder das andere oder auch beides hilft, zufriedener zu sein, dann ist da selbstverständlich überhaupt nichts gegen einzuwenden. Es ist ja gerade wichtig, herauszufinden, was uns zufrieden macht, damit wir gut gelaunt den letzten Abschnitt unseres Lebens in Angriff nehmen können.

Fangen wir mit der Religion an, egal mit welcher. Ich bin von Hause aus protestantische Christin, ich war zehn Jahre lang mit einem Buddhisten liiert, ich habe eine ganze Reihe muslimischer Freunde und Freundinnen, und der jüdische Glaube beschäftigt mich als Deutsche aus historischen Gründen. Im Zusammenhang mit der Zufriedenheit im Alter geht es allerdings vor allem ums Prinzip. Die Vorstellung eines wie auch immer gearteten höheren Wesens oder Seins hilft offenbar vielen Menschen bei der Bewältigung ihres Alltags. Insbesondere in Lebenskrisen. Es tröstet sie, dass da trotz aller Schwierigkeiten jemand oder etwas zu sein scheint, das sie uneingeschränkt liebt, auffängt, behütet, zu ihnen steht. Zudem nehmen ihnen die klaren Erwartungen und deutlichen Vorgaben, die dieses Wesen oder Sein macht, Entscheidungen ab und auch das scheinen sie als hilfreich zu empfinden.

Das ist zwar durchaus nachzuvollziehen, nur wäre mein Einwand, dass der Glaube an diese höhere Macht nichts an der tatsächlichen individuellen Lebenssituation ändert. Außer, dass man sich trotz aller Schwierigkeiten besser fühlt. Probleme zu ertragen und für dieses Ertragen Unterstützung in einem wie auch immer gearteten Glauben zu suchen, halte ich deshalb nicht für eine gute Idee. Ich würde es wichtiger finden, an die Ursachen der Probleme heranzugehen. Mit dem Hinweis auf ein glücklicheres Dasein im Jenseits verhindern Religionen seit Jahrtausenden, die Ungerechtigkeiten im Diesseits zu beheben.

An dieser Stelle habe ich ein zweites Problem mit der Religion als solcher. Abgesehen von der Zufriedenheit eines jeden einzelnen Menschen im Diesseits, auf die eine Religion Einfluss haben sollte, muss sie nach meinem Dafürhalten ebenfalls zu einem guten Miteinander aller Menschen untereinander beitragen – denn das gehört unbedingt zu unser aller Zufriedenheit dazu. Ein gutes Miteinander bedeutet aber zwangsläufig ein friedliches. Und gerade das tun die Religionen nicht.

Brandgefährlich ist vielmehr die weitverbreitete Ansicht, die jeweils eigene Religion sei die bessere, ja die einzig wahre, und deswegen habe jeder

Mensch Unrecht, der einer anderen oder keiner Religion angehöre. Im Sinne dieser Überzeugung suchen wir die Schuld für was auch immer bei den Angehörigen anderer Religionen. Zwar beinhalten alle Religionen ein Gebot der Mitmenschlichkeit, jedoch erstreckt sich diese in der Praxis meist nur auf die Menschen der eigenen Familie, des eigenen Landes, der eigenen Sprache und vor allem des eigenen Glaubens.

Als in den 2000er-Jahren immer mehr muslimische Menschen zu uns kamen und ich immer mehr über ihre Religion las, beschloss ich eines Tages, den Koran zu lesen, um mir ein eigenes Bild ihrer Religion machen zu können. Eine muslimische Freundin von mir behauptet, ich sei die einzige Person, die sie kenne, die den Koran komplett gelesen habe; ihren großen muslimischen Bekanntenkreis schließt sie darin mit ein. Ich kann überhaupt nicht beurteilen, ob das stimmt, aber ich würde mehr Menschen dazu raten wollen, ihre eigenen und die jeweils anderen heiligen Bücher zu lesen. Allerdings steht ihnen eine schwierige Lektüre bevor: Zumindest die deutsche Übersetzung ist nicht leicht zu lesen und – was es noch schwieriger macht – der Text ist durch die vielen Wiederholungen sehr langatmig. Für die Muslime selbst scheint es allerdings noch schwieriger zu sein, weil von ihnen erwartet wird, dass sie den Koran im alten Arabisch lesen sollten. Der ursprüngliche Text allein ist der so berühmte, schöne; jede Übersetzung und Aktualisierung verfälsche ihn. Es stimmt natürlich, dass eine Übersetzung nur bedingt mit einem Original mithalten kann, sie hat aber den großen Vorteil, dass die LeserInnen den Inhalt verstehen und mitdenken können.

Ich selbst war noch nicht weit mit dem Lesen des Korans gediehen, als mir klar wurde, dass ich im Anschluss daran auch die komplette Bibel – also Altes und Neues Testament – würde lesen müssen, um wirklich zu verstehen. Auch das ist sehr zu empfehlen, aber auch für diese ebenfalls weitschweifigen Texte ist Durchhaltevermögen vonnöten.

Zunächst einmal haben mich vor allem die großen Ähnlichkeiten überrascht. Ich hatte nicht gewusst, dass der Koran sich eindeutig und ausdrücklich in der historischen Nachfolge der Thora der Juden (also der fünf Bücher Mose im Alten Testament) und der Evangelien der Christen (also des Neuen Testaments) sieht. Ich hatte auch nicht gewusst, dass der Gott des Korans explizit derselbe – nicht etwa ein anderer – Gott ist wie derjenige, den zunächst die Juden, danach die Christen verehrt haben. Ich habe den Eindruck, diese Tatsache ist überhaupt nicht weit bekannt und würde zum gegenseitigen Verständnis sehr beitragen. Dann müsste man nämlich nicht mehr grundsätzlich streiten, sondern nur noch über Details. Allerdings weiß ich als protestantische Christin, die ich seit Jahrzehnten die nervige Auseinandersetzung mit den katholischen Christen verfolge, wie schwierig das ist. Übrigens bin ich der festen Überzeugung, dass es vor allem unsere jeweiligen Kirchenoberhäupter sind, die eine Vereinigung der Christenheit verhindern. Wir normalen Christen und Christinnen hätten längst

Mittel und Wege gefunden, dessen bin ich sicher. Ich kann nicht beurteilen, ob es den verschiedenen Richtungen des Islam auch so geht.

Zurück zu den Ähnlichkeiten zwischen dem Koran und der Bibel. Die Erschaffung der Erde, die Erschaffung des Menschen (also von Eva und Adam), der Hinauswurf dieser beiden aus dem Paradies, der Leidensweg des jüdischen Volkes, sowie eine ganze Reihe der Erlebnisse der uns Christen bekannten Propheten werden ganz ähnlich im Koran erzählt. Abraham, Ismael, Isaak, Jakob, Josef, Mose, Noah – alles Propheten desselben Gottes. Auch Jesus ist ein solcher Prophet. Der letzte in der Reihe ist Mohammed. Die vorangegangenen heiligen Bücher werden anerkannt, der Koran ist dann die letzte, endgültige Offenbarung.

Es gibt weitere Gemeinsamkeiten: etwa ein Leben nach dem Tod, das mit dem Jüngsten Gericht beginnt; die Trompete, die dort erschallen wird; die Einteilung der Menschen in diejenigen, die in die Hölle und diejenigen, die ins Paradies kommen werden; die Ausgestaltung der Hölle und des Paradieses. Auch der Grundgedanke, dass der Mensch das Glück erst im Jenseits finden wird, ist derselbe.

Ebenso wie bei Juden und Protestanten sind keine Vermittler nötig: Jeder Mensch kann selbst direkt mit Gott sprechen. Engel sind als Boten Gottes auch sehr wichtig; dass sie weiblich sein könnten, wird allerdings als geradezu empörend zurückgewiesen (was mich mehr als einmal schmunzeln ließ).

Gleich ist auch die Tatsache, dass dieser Gott einen Alleinvertretungsanspruch fordert: Es gibt nur diesen einen Gott; der Mensch darf keine anderen Götter haben neben ihm; er ist die Wahrheit schlechthin.

Auch das Bild dieses Gottes ist sehr ähnlich: Der Gott des Korans ist einerseits barmherzig, milde und bereit zu vergeben. Andererseits sollen die gläubigen Menschen ihn fürchten (beides wird durchgängig wiederholt), weil er sie fürchterlich bestrafen wird, wenn sie seinen Vorgaben nicht Folge leisten. Auch woraus diese Vorgaben bestehen, wird durchgängig wiederholt: Der gläubige Mensch soll anständig sein, sich den Eltern gegenüber ehrerbietig zeigen, den Armen spenden, gut zu Witwen und Waisen sein, aber diejenigen, die nicht an ihn glauben – also Heiden (die an mehrere Götter glauben) und „Ungläubige" (die nicht an den islamischen Gott glauben) –, bekämpfen und – ausdrücklich – töten. Auch darf er mit „ungläubigen" Menschen weder befreundet sein, noch sich mit ihnen vermählen. Darüber hinaus ist das Pflichtgebet zu verrichten, im Ramadan zu fasten und wenn möglich nach Mekka („zum Haus Gottes") zu pilgern. Da Gott dem Menschen das Leben gegeben hat, darf nur er es ihm nehmen.

Das in diesem Zusammenhang gebräuchliche deutsche Wort „Ungläubige" sei – laut den Gelehrten – keine gute Übersetzung des arabischen Wortes *kâfir*. Das bedeute nämlich wörtlich „Verberger, Leugner": Diese Menschen leugnen den Glauben an den Gott des Korans. Als Anhänger früherer Propheten und früherer Heiliger Schriften werden Juden und Christen eindeutig als „Schriftbesitzer“ bezeichnet und könnten daher grundsätzlich nicht als „Ungläubige“ bezeichnet werden, so die Fachleute.

Problematisch für Muslime – und infolgedessen für uns alle – sind die vielen sogenannten *Hadithe*, zu Deutsch: Bericht, Erzählung, Mitteilung. So werden Aussprüche und Handlungen des Propheten Mohammed bezeichnet. Diese sind für Muslime äußerst wichtig, gelten sie doch als Anleitungen für das eigene Handeln. Das große Problem aber ist, dass die im frühen 7. Jahrhundert geschehenen oder gesagten Dinge überliefert worden sind – und somit ihre jeweilige Glaubwürdigkeit angezweifelt werden kann und von den verschiedenen Glaubensrichtungen innerhalb des Islams auch angezweifelt wird. Der Koran wird hingegen als wörtliche Offenbarung Gottes an Mohammed betrachtet, weshalb an ihm nichts zu deuten ist.

Eine weitere Ähnlichkeit dieser drei Schriften – also des Korans der Muslime, der Thora der Juden und des christlichen Neuen Testaments – hat mich überrascht und schockiert: Ich hatte nicht gewusst, dass es immer ums Töten geht und dass überall Blut fließt. Aus der Menge der Texte aus archaischen Zeiten hatten sich die Pastoren meiner Kindheit offensichtlich die Textstellen aus der Bibel herausgesucht, die man auch im 20. Jahrhundert und nach zwei blutigen Weltkriegen so noch akzeptieren konnte.

Zudem hat mich das in allen drei Texten gezeichnete Gottesbild bestürzt. Dieser zürnende, strafende, gewaltbereite, fraglos Gehorsam einfordernde Gott hat mit meiner humanistisch geprägten Vorstellung von einem menschlichen Dasein in friedlichem Miteinander mit anderen Menschen nichts, aber auch gar nichts gemein. Ich habe erst nach dem Lesen der Bibel begriffen, dass der Gott, mit dem ich aufgewachsen bin, die ureigene Erfindung unserer Mutter war. Dieses, ausschließlich „der liebe Gott" genannte Phänomen war eine Großvaterfigur, den ich mir ein bisschen wie den Weihnachtsmann vorstellte: mit weißem Rauschebart auf einer Wolke sitzend, gütig und freundlich, humorvoll und verständnisvoll; nur eben nicht im roten Mantel. Er wusste zwar alles, hatte aber Verständnis für alles und vergab (fast) alles.

Interessanterweise deckt sich meine persönliche Erfahrung mit einer aktuellen Studie aus den USA, die das Verhältnis zwischen religiösen Überzeugungen und politischen Einstellungen untersuchte. Diejenigen Menschen, die an einen gütigen Gott glauben, sind ihren Mitmenschen gegenüber eher milde gestimmt. Diejenigen mit einem konservativen Gottes- und Weltbild hingegen, befürworten ein härteres Eingreifen sowohl ihren Mitmenschen als auch anderen Völkern gegenüber. Meine Geschwister und ich verdanken also dem erfundenen Gott unserer Mutter unser humanistisches Weltbild. (Meine Quelle war der Deutschlandfunk, deren Quelle die Fachzeitschrift *Sociological Forum*.)

Eine junge muslimische Freundin von mir hat mir erzählt, wie sie mit Anfang 30 zur Atheistin wurde.

Man hatte ihr beigebracht, dass der Glaube an die Existenz eines Gottes für ihr Leben hilfreich sei. Und das hatte sie geglaubt. Dieser Gott entschied über ihr Leben und das war gut so. Das glaubte sie, ohne groß darüber nachzudenken, bis sie regelmäßig eine amerikanische Serie namens *Buffy – Der Vampir-Killer* sah. Da mir das ganz und gar nichts sagte, schlug ich im Internet nach: Die Meinungen über die Qualität der Serie gehen extrem auseinander, aber sicher scheint zu sein, dass sie für Teenager gemacht wurde und dass die weibliche Hauptfigur, ein Mädchen namens Buffy, ein außergewöhnlich starkes, selbstbewusstes, autonomes Individuum ist. Die Serie ist eine Art moderner Bildungsroman.

Diese Buffy hat meiner Freundin die Augen geöffnet: Sie nimmt ihr Leben stets in die eigene Hand; sie wartet nicht darauf, dass ein Gott ihr Leben in welcher Form auch immer gestaltet; sie ist keine Fatalistin, sie ist im Gegenteil stets selbst die Herrin ihres eigenen Daseins; und sie fährt damit nicht schlecht. Meine Freundin ist eine intelligente, gebildete junge Frau. Sie begann nachzudenken. Es leuchtete ihr ein, dass sich dem Menschen größere Möglichkeiten eröffnen, wenn er nicht wartet, sondern handelt. Die christliche Oma einer gläubigen Freundin von mir habe immer gesagt: „Glaubst du an Gott, dann hilf dir selbst."

Dieser Glaube an ein vorbestimmtes Schicksal, das Gott jedem Menschen bescheidet, verhindert bzw. belastet meiner muslimischen Freundin zufolge auch Liebesbeziehungen. Da allein Gott dafür sorge, dass eine passende Liebesbeziehung geknüpft werde, wartet eine junge Frau unter

Umständen jahrelang vergeblich darauf, dass ein bestimmter Mann sich erklärt. Dabei wäre vielleicht gerade diese Beziehung die richtige gewesen. Wenn hingegen das Schicksal dafür gesorgt habe, dass eine Beziehung entsteht, dann werde diese zu einer schicksalhaften – also hoffnungslos überhöhten. Das Warten auf die eine, einzige, schicksalhafte Beziehung und die Überhöhung derselben, wenn sie dann eintrifft, sei oft die Ursache für ihr Scheitern.

Aus meinem (christlichen) Kulturkreis kenne ich einen vergleichbaren Mechanismus: Wir nennen es „die große Liebe". Zwar warten wir schon länger nicht mehr darauf, dass ausschließlich der Mann sich erklärt, aber an der überhöhten Vorstellung einer schicksalhaften großen Liebe scheitern ganz normale Lieben auch bei uns. Zu groß sind die Erwartungen; das kann nur schiefgehen.

Was nun tun mit all diesen Überlegungen? Im vergangenen Jahr war ich bei meiner gleichaltrigen italienischen Freundin zu Besuch und wir kamen darauf zu sprechen, dass die Welt in den letzten beiden Jahrzehnten fürchterlicher geworden sei. Meine Freundin ist gläubige Katholikin und äußerte die Ansicht, Ursache hierfür sei, dass die Menschen weniger glaubten. Ich war und bin da genau der gegenteiligen Meinung: Wir haben zu viel Religion, nicht zu wenig. In der langen Geschichte der Religionen fällt es nicht schwer zu belegen, dass sie schon immer für sehr viel Zwietracht zwischen den Menschen gesorgt haben. Millionen von Menschen sind im Namen welchen Glaubens auch immer von anderen Menschen getötet worden.

Das hat unendliches Leid über die jeweiligen Angehörigen gebracht – völlig unnötiges Leid noch dazu.

Diese Zwietracht betrifft nicht nur Muslime und Christen, wie wir gerade in Myanmar miterleben müssen, in dem die von uns im Westen so sehr geschätzten, vermeintlich friedlichen Buddhisten brutal gegen Andersgläubige, in diesem Fall die muslimischen Rohingya, vorgehen. Nicht einmal Staatsrätin Aung San Suu Kyi, die den Friedensnobelpreis dafür bekam, dass sie jahrzehntelang gewaltfrei gegen die Unterdrückung in ihrem Land gekämpft hat, erhebt jetzt ihre Stimme gegen diese Gewalt. Das lässt mich fassungslos zurück. Ebenso wie die Juden in Israel, die besser wissen müssten als irgendein anderes Volk, was Unterdrückung bedeutet, seit Jahrzehnten ihrerseits die Palästinenser unterdrücken. Ebenso wie in Indien und Pakistan Hindus und Muslime einander umzubringen trachten. Ebenso wie in Nordirland, wo es katholische und protestantische Christen waren. Ebenso wie in Ex-Jugoslawien, wo es sowohl um Ethnien als auch um Religion ging, als sich Serben, Kroaten, Bosnier und wer noch alles gegenseitig abschlachteten.

Vor vielleicht zehn Jahren habe ich einmal ein Wochenende lang einen Intensivkurs in Englisch geleitet. An einer Universität – also, sollte man meinen, mit gebildeten jungen Frauen. Sie können sich nicht vorstellen, was der Zufall mir da zusammengewürfelt hatte und was das bedeutete. Eine Chinesin, eine Japanerin und eine Koreanerin hatten ebenso viel Mühe miteinander auszukommen, wie eine Russin, eine Weißrussin und eine Ukrainerin. Nicht eine einzige von ihnen hatte jemals persönlich etwas Schlechtes von Angehörigen der jeweils anderen Völker erfahren – danach habe ich extra gefragt. Aber sie alle empfanden eine Art Erb-Ablehnung der jeweils anderen Volksgruppen bzw. Religionen. Ja, Erbe: sie alle waren als Kinder mit diesen Feindschaften und Ablehnungen erzogen worden.

Den Gipfel dieser für mich völlig unverständlichen Vorurteile stellte eine Armenierin dar. Ich entschuldigte mich für meine geographische Unwissenheit und fragte, wo genau sie denn herkäme. Es stellte sich heraus, dass ihre Großeltern vor Jahrzehnten aus der Türkei nach Bulgarien geflohen waren. Auf meine naive Bemerkung, dann sei sie aber doch Bulgarin, beharrte sie entrüstet darauf, Armenierin zu sein.

In den 60er-Jahren war ich als Teenager sowohl in England als auch in Frankreich und musste dort erfahren, dass ich als Deutsche nicht überall willkommen war. Aber da lebten Abermillionen von Engländern und Franzosen, die persönlich unter Deutschen gelitten hatten. Vor diesem Hintergrund habe ich die latenten Vorbehalte gegen mich verstanden und mich bemüht, ihnen ein anderes Bild der deutschen Nachkriegsgeneration zu zeichnen.

Ein befreundeter Grieche, der seit seiner Kindheit in Deutschland lebt, erzählte mir von Schwierigkeiten mit zwei türkischen Kollegen. Er schloss seine Erzählung mit der Bemerkung, überraschend sei das nicht, weil ja alle Türken so seien. Woraufhin ich sagte, das sei rassistisch. Er war empört – er rassistisch!

Er, der als Grieche in Deutschland selbst an rassistische Bemerkungen gewohnt war, sei ganz sicher nicht rassistisch! Ich: „Okay – wie viele Türken kennst du persönlich?“ Er: „Zwei.“ Ich: „Dann kannst du mit Fug und Recht sagen: Ich kenne zwei Türken und diese zwei Türken sind blöd. Aber wenn du daraus schließt, dass alle Türken blöd sind, dann ist das Rassismus.“ Ich sah, wie er nachdachte. Ich: „Ein anderes Beispiel: Ich kenne zwei Griechen, einen davon habe ich im Gefängnis kennengelernt. Aber das weiß man ja, jeder zweite Grieche ist kriminell.“ Ich konnte mir ein Grinsen nicht verkneifen, als er zugab, sich das so noch nie überlegt zu haben.

Sie werden die nächste Parallele, die ich machen möchte, wahrscheinlich an den Haaren herbeigezogen finden: Als gebürtige Düsseldorferin habe ich nicht das geringste Verständnis für die (vermeintlich) komisch gemeinte „Feindschaft“ zwischen Köln und uns. Diese seit Jahrzehnten immer wieder tradierten Vorurteile bringen uns nicht weiter. Sie finden das lächerlich? Dann stellen Sie sich bitte einen Moment vor, in Köln oder in Düsseldorf würde ein Mann zum Oberbürgermeister gewählt werden, der über die rhetorischen Fähigkeiten und die Skrupellosigkeit der Präsidenten Trump und Erdoğan verfügte. Es wäre ein Leichtes auf dem Boden dieser ewig wiederholten Vorurteile die Menschen so gegeneinander aufzuhetzen, dass sie mit Waffen aufeinander losgingen. Ich übertreibe? Nein, die Hooligans in den Fußballstadien tun genau das: Auf irgendeinen Verein, der immer schon als Feindbild herhalten musste, gehen sie mit Gewalt los.

Ethnie, Religion oder sonst irgendeine Andersartigkeit genügen dem Menschen, um seine mühsam anerzogene Zivilisation über Bord zu werfen. Das bedeutet, es ist ganz egal, welcher Religion wir angehören. Wir Menschen sind die Katastrophe, nicht die Religionen an sich. Wir Menschen benutzen die Religionen, um einander abzuschlachten. Deshalb wäre mein Vorschlag der folgende: Entweder wir trennen uns von allen Religionen, oder wir erfinden sie neu. Ich, als im vollen Wortsinne Ungläubige, wäre für Ersteres. Aber falls Sie welcher Religion auch immer angehören und Ihnen das wichtig ist, wäre meine Hoffnung, ja, meine Forderung an Sie: Setzen Sie sich intensiv für eine Reform Ihrer Religion ein. Mitmenschlichkeit darf nicht länger nur die Forderung eines Gottes sein, der seine Anhänger und Anhängerinnen nur nach Gutdünken Folge leisten – mal ja, mal nein. Sie muss täglich von jeder und jedem einzelnen von uns gelebt werden. Während jeder Mensch sich im Kleinen um die tägliche Umsetzung bemüht, müssen wir gleichzeitig Druck auf die Politik ausüben, damit sie dasselbe im Großen tut.

Ein unabdingbarer Schritt wäre es jedoch, das eigene Heilige Buch – welches auch immer – kritisch zu hinterfragen. Wir sind keine Schafhirten auf dem Sinai mehr! Die Regeln, die vor Jahrtausenden für die damaligen Menschen einen Sinn gehabt haben mögen, haben mit Sicherheit keinen Sinn mehr in unserer heutigen, so extrem veränderten Welt.

Es besteht für mich überhaupt kein Zweifel daran, dass – wenn Gott heute noch zu uns spräche und heute seine Gedanken äußerte – diese völlig anderer Natur wären, als diejenigen, die er vor 1400, 2000 oder noch mehr Jahren geäußert hat. Gerade wenn wir glauben, dass Gott eine übermächtige, allwissende Macht ist und einen unübertrefflichen Geist besitzt, so ist doch kaum anzunehmen, dass er um die gravierenden Entwicklungen, die die Welt in den letzten Jahrhunderten geradezu auf den Kopf gestellt hat, nicht weiß. Ich halte es zum Beispiel für ausgeschlossen, dass er im Ramadan auf der Regel beharren würde, von Sonnenaufgang bis Sonnenuntergang weder zu essen noch zu trinken, wenn er die gestressten Großstadtmenschen in Istanbul morgens am Rande ihrer Kräfte in den überfüllten Bussen stehen sähe.

Ich habe keine Ahnung, warum Gott sich nicht mehr äußert. Aber seine AnhängerInnen auf Erden sollten das dringend für ihn tun, denn wir alle gemeinsam sind dabei, uns und unsere Erde kaputtzumachen. Das geht jeden einzelnen Menschen an. Seien Sie mutig! Die Zeit drängt. Setzen Sie sich mit VertreterInnen anderer Religionen zusammen und überlegen Sie miteinander, was zu tun ist; wie Feindseligkeiten gegenüber Andersdenkenden beendet werden können; wie wir zusammenkommen können; wie wir Kriege und Hunger und Armut und Ausbeutung und Gewalt und Verzweiflung besiegen können. Mit oder ohne einen Gott.

Der Dalai Lama, Kopf der tibetischen Buddhisten, hat kürzlich ein Buch veröffentlicht mit dem Titel: *Ethik ist wichtiger als Religion*. In einem Interview dazu hat er klargestellt:

> „Aber grundsätzlich sollten religiöse und nichtreligiöse Menschen heute zusammenarbeiten. Die Religion allein schafft es nicht, diese Spaltungen zu überwinden. Mein favorisiertes Konzept ist die Herzensbildung und die Herzenserziehung. [...] Jetzt ist eine globale säkulare Ethik wichtiger als die klassischen Religionen. Wir benötigen eine globale Ethik, die sowohl gläubige wie nichtgläubige Menschen, also auch Atheisten, akzeptieren können."

Dem, so scheint mir, ist nichts hinzuzufügen. Nur umsetzen müssten wir es noch.

Liebe und Sex

> Je älter eine Frau wird, desto mehr träumt sie davon, zwei Männer zu haben: einen zum Kochen und einen zum Putzen.
>
> *Spruch auf einer Geburtstagskarte zu meinem 65sten.*

Und wieder die Liebe – so heißt einer der späteren Romane der englischen Nobelpreisträgerin für Literatur Doris Lessing. Darin verlieben sich gleich mehrere Männer in eine 65-Jährige. Bis auf einen sind sie deutlich jünger als die Dame.

Das ist so richtig mitten aus dem Leben gegriffen, nicht wahr? Natürlich passiert uns allen das auch ständig! Ironie beiseite: Ich begreife nicht, dass eine große Schriftstellerin und eine intelligente Frau obendrein nicht bemerkt, dass sie ihrem Roman damit schadet. Auch hätte ich mich an ihrer Stelle geniert, auf diese Weise öffentlich zu machen, dass es ganz offensichtlich ihr eigenes Problem ist, das sie da in literarische Form goss.

Jedoch kenne ich nicht wenige Frauen und Männer, die sich ebenfalls ein Leben ohne Liebe kaum vorstellen können (oder wollen). Wenn Sie sich in einer zufriedenstellenden Beziehung befinden, gibt es ja auch gar keinen Grund, weiter darüber nachzudenken und Sie können dieses Kapitel getrost überschlagen. Was auch immer einen Menschen zufrieden macht – solange er damit anderen nicht schadet –, ist selbstverständlich in Ordnung. Aber viele Frauen und Männer in unserem Alter sind gegen ihren Willen aus den verschiedensten Gründen allein übriggeblieben. Ehemalige Partner und Partnerinnen sind verstorben oder leben inzwischen in anderen Zusammenhängen. Sie sind unzufrieden mit ihrem Leben und führen das auf das Fehlen eines intimen Gegenübers zurück.

Erlauben Sie mir vorab eine Bemerkung am Rande: Dieses Kapitel erfordert meine ganze, nur schwach ausgebildete Fähigkeit zur Disziplin. Oder vielleicht ist es weniger die Fähigkeit als die Willigkeit. Liebe ist tatsächlich nicht mehr mein Thema. Ich muss präzisieren: Die Liebe in unserer Generation, denn natürlich folge ich den Irrungen und Wirrungen meiner jüngeren Freunde und Freundinnen mit Interesse. Nicht nur verlangt das die Freundschaft, ich akzeptiere auch voll und ganz, dass für Menschen, die eine oder zwei Generationen jünger sind als ich, der Partner oder die Partnerin für ihre Zufriedenheit von äußerster Wichtigkeit ist. Das war es für mich damals auch, und ich habe viel zu spät begriffen, dass das, was man mir beigebracht hatte, nicht eine so absolute Gültigkeit hat, wie behauptet wurde (und wird). Soll heißen: Ich glaube heute, dass die Behauptung, einzig und allein mit einem passenden Partner oder einer passenden Partnerin könne der Mensch im Leben Zufriedenheit erlangen, schlicht falsch ist. Im Gegenteil, allein zufrieden zu sein, ist deutlich einfacher.

Zwar belegen verschiedene Untersuchungen immer wieder, dass verheiratete Menschen gesünder und zuversichtlicher seien. Allerdings sind frisch Verliebte im Vergleich zu den schon länger Verheirateten fröhlicher und entspannter, was einen nicht wirklich wundert. Ich hätte es eigentlich für richtig befunden, Ihnen diese Untersuchungen ausführlich darzulegen. Aber – um der Wahrheit die Ehre zu geben – ich fand sie sowohl langweilig als auch nicht wirklich hilfreich. Denn entweder der Mensch ist in einer zufriedenstellenden Beziehung und dann kann man ihn nur dazu beglückwünschen; oder er ist es nicht und dann stellt sich vor allem die Frage, wie und wo – zumal im fortgeschrittenen Alter – ein glücklich machender Partner oder eine glücklich machende Partnerin aufzutreiben ist.

Wie ich schon erwähnt habe, habe ich mal ein ganzes Buch zum Thema Alleinsein geschrieben. Und ich habe auch schon gesagt, dass die 15 Jahre meines Lebens, in denen ich allein lebe, meine besten waren und sind. Nach wie vor glaube ich, dass das Zufriedensein sehr viel mit unseren Grundeinstellungen zu tun hat. Wenn der Mensch per se davon ausgeht, dass das Glück nur in der Zweisamkeit zu finden ist, dann wird er sich sehr schwertun, es auf anderem Wege zu finden. Dann wird er immer das Gefühl haben, irgendetwas fehle – unabhängig davon, wie zufrieden er mit seinem Leben ansonsten sein mag.

Sollten Sie hingegen in einer alten Beziehung steckengeblieben sein, die Sie schon lange nicht mehr wirklich zufrieden macht, haben Sie jetzt ein riesiges Problem. Zwar lässt sich statistisch nachweisen, dass sich auch alte Paare öfter trennen als früher, aber ich stelle mir das äußerst schwierig vor. Ich habe mich schon sehr schuldig gefühlt, als ich mit Anfang vierzig eine langjährige Ehe beendete, wie schuldig würde ich mich fühlen, einen inzwischen alten und (bald) hilfsbedürftigen Menschen sitzenzulassen? Sicher gehen deshalb viele alte Menschen nicht mehr auseinander und das macht sie so unzufrieden, dass der oder die andere ihnen für alle anderen sichtbar und hörbar nur noch auf die Nerven geht.

Eine Bekannte von mir gibt zu bedenken, dass ältere Ehepartner nicht zugeben können, einander nur noch auf die Nerven zu gehen, weil das das Eingeständnis bedeuten würde, sich schon seit geraumer Zeit etwas vorgemacht zu haben. Der jeweilige Gesundheitszustand, erklärt sie weiter, spiele dabei eine entscheidende Rolle. Haben beide mit ihren eigenen Beschwerden und Schmerzen zu schaffen, so reichten Nerven und Kraft nicht aus, auch noch die oder den anderen aufzufangen. Sie findet das traurig, aber zutreffend.

Es tut mir leid, aber ich habe Ihnen in diesem Zusammenhang nichts Tröstliches anzubieten. Ich weiß wirklich nicht, wie wir in unserem Alter noch eine nicht mehr zufriedenstellende Beziehung beenden könnten, ohne uns richtig mies dabei zu fühlen. Es sei denn, der oder die Andere gehörte zur skrupellosen Sorte Mensch. Ich sage immer, der anständige Mensch hat gegenüber dem skrupellosen nicht den Hauch einer Chance. Der Skrupellose zieht den Anständigen offenen Auges über den Tisch – der Anständige sieht es, kann aber nichts dagegen machen. Nur wenn er gewillt wäre, genauso skrupellos zu handeln, hätte er eine Chance.

Jedoch scheint es mir schwierig zu sein, nach einem Leben, in dem man sich zumindest bemüht hat, ein anständiger Mensch zu sein, diesen Anstand nun aufzugeben.

Ich bin übrigens schon länger der Meinung, allein alt zu werden, ist deutlich einfacher als zu zweit. Ich weiß, das widerspricht der allgemeinen Vorstellung, die insbesondere das Alter mit Einsamkeit verbindet. Auf einer Messe für alte Menschen in Hannover, so berichtete mir eine Freundin, waren besonders die Angebote zum Thema Liebe und Sex gut besucht – was ich wieder einmal nicht begreife. Mein Unverständnis kommentierte die Freundin (übrigens der nachfolgenden Generation) mit den Worten:

> „Menschen haben eine höllische Angst davor, alleine zu sein. Das wird nur anders verpackt. Einsamkeit ist sooo negativ konnotiert, schärfer als asozial. Guck mal auf den Werbeplakaten für Einrichtungen für alte Menschen: Da ist Einsamkeit immer gleichgesetzt mit Armut, Schuld und Verwahrlosung."

Über Einsamkeit haben wir uns bereits Gedanken gemacht. Die von mir bevorzugte Lösung dieses Problems wären Freunde und Freundinnen. Aber angenommen, Sie suchen stattdessen oder zusätzlich eine neue Partnerin oder einen neuen Partner, so verweise ich auf das Internet. Ich kenne mehrere Fälle, in denen Menschen dort zufriedenstellende Beziehungen haben anknüpfen können. Übrigens Menschen aus drei Generationen. Natürlich kenne ich genauso viele Fälle, in denen das nicht funktioniert hat. Aber das ist nicht nur im virtuellen Leben so und scheint mir deshalb kein hinreichender Grund zu sein, es nicht dort zu versuchen. Oder Sie gehen die klassischen Wege: Vereine, Volkshochschulkurse, Gruppenreisen. Für Singles werden heutzutage überall gemeinsame Unternehmungen angeboten, auch das für Menschen jeder Altersgruppe. Ob ich nun 50 plus erfunden habe oder nicht, 60 plus ist inzwischen in aller Munde.

Wiederum aber gilt: Jeder einzelne Mensch muss die Initiative selbst ergreifen. Die Angebote sind da, aber niemand wird kommen, an unsere Tür klopfen und uns dazu bitten. Nach dem Tod eines Mannes, den drei Jahre lang niemand bemerkt hatte, sagt ein Priester der dazugehörigen Gemeinde einem Journalisten: „Wir können die Tür aber nur öffnen. Hindurchgehen muss man schon selbst.“

Lassen Sie mich jedoch noch Folgendes zu bedenken geben: Einem Menschen, dem man seit Jahren und Jahrzehnten verbunden ist, die endgültige Pflege aufzubürden, ist schon schwierig genug. Wie wir aber damit fertig werden könnten, einem neuen Menschen in unserem Leben, das zuzumuten, weiß ich wirklich nicht. Natürlich könnten wir unser Gewissen damit beruhigen, dass der oder die Andere hätte wissen müssen, worauf er oder sie sich einließ. Aber das, so scheint es mir, wäre der unzulässige Versuch, eigene Verantwortung abzuwälzen. Wir sollten eigentlich alt genug sein, so etwas nicht mehr zu tun.

Das Gleiche gilt andersherum: Schon einen seit Jahrzehnten vertrauten Menschen zu pflegen, ist eine enorme Belastung. Aber einem vergleichsweise neuen Menschen in unserem Leben die letzte Pflege angedeihen zu lassen, dürfte etwas ganz anderes sein. Ich würde Sie darum bitten wollen, sich das vorher sehr reiflich zu überlegen. Haben Sie sich erst auf eine neue Beziehung eingelassen, werden Sie da so schnell nicht wieder herauskommen.

Wie auch immer Sie sich entschließen, den verbleibenden Rest Ihres Lebens zu verbringen, Sie müssen es selbst in die Hand nehmen. Sie müssen auch diesen Rest gestalten. Sie müssen sich überlegen, was Sie wollen und was Sie nicht wollen. Erstmals in unserem Leben haben wir wirklich die Möglichkeit, es weitgehend frei zu gestalten. Ohne Rücksicht auf Karriere, PartnerInnen und Kinder. Im Gegenteil, die Verantwortung für den verbleibenden Teil unseres Lebens müssen wir schon selbst tragen. Wie alle Entscheidungen ist das sowohl eine großartige Chance, als auch eine erhebliche Last.

Sex, meine Lieben, interessiert mich genau wie die Liebe auch nicht mehr wirklich. Wenn mein Körper sich diesbezüglich meldet, befriedige ich ihn. Das geht nach jahrzehntelanger Übung ratzfatz und ist ohne nennenswerte Ausnahmen so befriedigend wie eh und je. Nein, das stimmt nicht ganz, habe ich doch die richtige Befriedigung erst im frühen Mittelalter erfahren, was wahrscheinlich nicht ungewöhnlich ist.

Dass mein Körper sich entsprechend meldet, kommt allerdings deutlich seltener vor als früher. Da ich das weder für überraschend noch für bedauerlich halte, wüsste ich keinen Grund, länger darüber nachzudenken oder gar mich betrüben zu lassen.

Alles hat seine Zeit. Und meine Libido hatte die ihre. Bedaure ich heute die Abwesenheit eines zweiten Menschen dabei? Nein. Warum auch. Mit den Männern, mit denen ich einst meine Lust teilte, habe ich schon damals das Potenzial für gemeinsame Freuden ausgeschöpft. Und neue Männer? Gott bewahre! Weder gelüstet es mich danach, fremden Männern meinen alten Körper zu zeigen, noch mir den alten Körper fremder Männer anzusehen. Na schön, wir könnten es im Dunkeln treiben. Aber zum einen war das noch nie so meins und zum anderen lässt sich junges Fleisch auch im Dunkeln von altem leicht unterscheiden.

Natürlich ist es etwas ganz anderes, wenn die Körper der beiden Partner oder Partnerinnen parallel alt geworden und die beiden einander in Liebe verbunden sind. Im Anschluss an die schon erwähnte Talkshow beim Nachtcafé des SWR, bei der es um Sex im Alter ging, zeigte mir ein Teilnehmer einen Hochglanz-Bildband, in dem er und seine Partnerin nackt beim Sex fotografiert worden waren. Ich selbst hätte mich schon in jungen Jahren nicht dabei fotografieren lassen, aber warum zwei Menschen jenseits der 60 das für notwendig erachten, übersteigt meine Vorstellung.

Ehrlich gesagt, das Ganze übersteigt meine Vorstellung. Gibt es wirklich nichts Wichtigeres im Leben eines alten Menschen als das ewig Gleiche? Vielleicht ist das mein Problem: das ewig Gleiche. Wo bleibt die Neugier auf Neues, noch nicht Erprobtes, noch nicht Erfahrenes? Und damit meine ich nicht unbekannte Stellungen beim Sex (dies umso weniger, als die Glanzzeit unserer körperlichen Beweglichkeit vorbei sein dürfte).

Besonders alten Männern scheint es jedoch immer noch äußerst wichtig zu sein, ihre unveränderte Potenz zur Schau zu stellen. Während wir Frauen schon ab dem Mittelalter nicht mehr als sexuelle Wesen wahrgenommen werden, tun Männer bis ins höchste Alter immer noch so, als seien sie sexuell so anziehend und so potent wie eh und je. Und zu unserer Schande sei gesagt, dass wir Frauen sie in dieser falschen Selbstwahrnehmung bestärken. Vielleicht ändert sich das aber gerade im Zusammenhang mit der Weinstein- und „MeToo"-Affäre. Ich würde es hoffen.

In meinem privaten Umfeld habe ich glücklicherweise eine ganze Reihe sich schlicht normal gebender Männer. Das finde ich wunderbar. Ach ja, das habe ich noch ganz vergessen: Ein großartiger Aspekt meines Alters ist es, das ich jetzt endlich mit Männern befreundet sein kann, ohne dass ständiges Flirten einerseits intellektuelle Auseinandersetzungen mit Männern fast unmöglich macht, noch dass uninteressante Begegnungen dadurch vermeintlich interessant werden. (Dieses Phänomen scheint damit zusammenzuhängen, dass unsere Libido in einem Körperteil beheimatet ist, der sich nicht mit unserem Gehirn verträgt.) Ich bin aber nicht nur gerne mit Frauen befreundet, sondern ebenso gerne mit Männern, weil sie nun einmal vieles anders sehen und diese andere Sicht eine Bereicherung der meinen ist, die ich – dem Alter sei Dank – jetzt mit Vergnügen aufnehmen kann.

Ich kenne allerdings nur einen einzigen Mann, der seine nachlassende Libido explizit thematisiert.

Er hat mir mal erzählt, dass seine Freunde ihn zu einem Besuch im Puff mitnehmen wollten. (Da sei er schon in jungen Jahren nicht hingegangen, weil es ihm nie an Partnerinnen gemangelt habe, was ich bestätigen kann.) Zu den Freunden habe er gesagt: „Ach, kriegt Ihr ihn denn noch hoch?“ Als ich diesen köstlichen Spruch an eine junge Freundin von mir weitergab, kommentierte diese: „Wie cool ist der denn drauf!“ Demselben Mann verdanke ich auch meinen einzigen Erfahrungsbericht zum Thema Viagra. Eine Gruppe von FreundInnen hat herzlich über seine Schilderung gelacht. Empfehlenswert schien es uns nicht zu sein.

Ich will Ihnen das Ganze keineswegs vermiesen. Wie immer gilt: Was auch immer Sie zufrieden macht, ist in Ordnung. Allerdings nur dann, wenn Sie damit keinen anderen Menschen verletzen. Womit wir zwangsläufig bei der Würde des Menschen angekommen sind. Ein Bordell verletzt die Würde der Frauen ständig und grundsätzlich. Ein Sozialarbeiter hat mir mal von den jungen Rumänen in Deutschland erzählt, die aus blanker Not keinen anderen Ausweg sehen, als sich zu prostituieren. Diese jungen Männer sind psychisch in einem ebenso grauenhaften Zustand wie die sich prostituierenden Frauen. Viele überleben das nur in zugedröhntem Zustand. Viele von ihnen haben eine so schreckliche Kindheit hinter sich, dass ihnen ein gesundes Selbstwertgefühl fehlt, das die Voraussetzung dafür wäre, sich nicht weiter derartig verletzen zu lassen.

Einen wildfremden Menschen für etwas so Intimes wie Sex zu bezahlen und ihn damit zum Befehlsempfänger zu machen, verstößt gegen seine Würde. Ohne Wenn und Aber. Ein 40-jähriger Freund von mir hat mir mal gesagt, darüber habe er noch nie nachgedacht. Sollten Sie diese Tatsache teilen, wird es dringend Zeit. Wir sind wieder beim Thema Empathie.

Der Kopf

> Nicht das Alter ist das Problem, sondern unsere Einstellung dazu.
>
> *Cicero*

Nun haben wir uns bereits sehr ausführlich mit unserer Gemütslage auseinandergesetzt. Lassen Sie uns als Nächstes einen Blick auf den Zustand unseres Kopfes werfen, der inzwischen genauso alt geworden ist wie unser Körper, auf den ich später eingehen werde. Während wir unseren Körpern das Alter sehr gut ansehen können, bleibt der Zustand unserer Köpfe von außen zunächst verborgen. Aber wir selbst bemerken schon relativ früh in unserem Leben – so vielleicht in unseren 50ern –, dass unsere Erinnerungs- und Merkfähigkeit nachgelassen hat. Auch die Fähigkeit zu denken. Nobelpreisträger werden zwar meistens im Alter gewürdigt – das durchschnittliche Alter liegt bei 59 Jahren –, aber der Eindruck, der beim Betrachten der Preisträger und wenigen Preisträgerinnen während der feierlichen Preisverleihung in Stockholm und in Oslo entsteht, trügt: Die allermeisten von ihnen werden für etwas ausgezeichnet, das sie in ihrer Jugend gedacht, geschrieben oder herausgefunden haben. Es dauert nur halt meistens eine Weile, bis sich die Bedeutung dieser Leistungen einschätzen lässt.

Bevor ich fortfahre, muss ich Sie warnen: Dieses Kapitel beschäftigt sich vor allem mit der Theorie:

Mit dem also, was die Alters- und Hirnforschung zum Gehirn zu sagen hat. Was daraus praktisch für uns folgen könnte, finden Sie im nächsten Kapitel. Wenn Sie die theoretischen Überlegungen nicht interessieren, könnten Sie ein paar Seiten überschlagen, was ich allerdings schade fände, habe ich doch selbst eine ganze Menge dazugelernt und dazugedacht.

Achtung, fertig, los! Was die positiven geistigen Fähigkeiten des normalen alten Menschen betrifft, ist es nicht ganz einfach, Untersuchungen zu finden, außer in der nahen Vergangenheit. Ungleich größer ist nämlich die Anzahl der Untersuchungen, die die Mängel festhalten. Es drängt sich mir die Schlussfolgerung auf, dass die Untersuchungen von der Pharmaindustrie finanziert werden, und die können ihre Produkte natürlich nur an die Frau und an den Mann bringen, wenn denen etwas fehlt, das sich mit Tabletten beheben ließe.

Bei meinen Recherchen habe ich den Eindruck gewonnen, dass erst ein Artikel von Arne May aus dem Jahr 2008 für eine Veränderung der grundsätzlichen Einstellung gegenüber dem alternden Gehirn gesorgt hat. Für dessen Studie haben Menschen zwischen 50 und 67 Jahren das erste Mal in ihrem Leben jonglieren lernen sollen. Zur Überraschung des Forscherteams selbst haben ausnahmslos alle am Ende jonglieren können. Die ForscherInnen haben nämlich vor dem Experiment selbst geglaubt, das ginge gar nicht mehr. Gelernt haben es tatsächlich alle; die Älteren haben nur etwas länger dafür gebraucht. Anschließend hat das Forscherteam die Gehirne unter dem Kernspintomographen betrachtet und bleibende Veränderungen beobachten können: Die Gehirne der Jongleure hatten sich auf irgendeine Weise dauerhaft erweitert. (*Journal of Neuroscience*)

In den letzten zehn Jahren also scheint eine Veränderung der Einstellung zum oder des Blickwinkels auf das alternde Gehirn stattgefunden zu haben. Seitdem belegen immer mehr Studien, wozu unser altes Gehirn noch alles fähig sei. Manchmal können wir Alten dieses besser, aber jenes schlechter, manchmal sind wir hier schneller, aber dort langsamer und so weiter. Die Fachleute scheinen uns inzwischen mehr zuzutrauen. Vielleicht haben sie aber auch erst Fähigkeiten bei ihren Untersuchungen finden können, seit sie dafür offen sind, dass das alte Gehirn möglicherweise mehr kann, als sie bis dahin vorausgesetzt hatten.

Ich halte es für unbestreitbar, dass die Grundhaltung, mit der man an eine Studie herangeht, das Ergebnis beeinflusst. Messbare Resultate müssen ja immer auch interpretiert werden. Und je nachdem, mit welchen Grundüberzeugungen jemand darangeht zu interpretieren, können die Ergebnisse verschieden ausfallen. Natürlich sollten solche Vorannahmen die Wissenschaft nicht beeinflussen, aber ebenso natürlich sind auch Wissenschaftler und Wissenschaftlerinnen letztendlich nur Menschen, die nicht in einem luftleeren Raum schweben, der ohne Einfluss bliebe.

Vor Jahren habe ich einmal die Abbildung einer Jahrtausende alten kleinen Reiterstatue gesehen. Bedauerlicherweise weiß ich nicht mehr wo. Aber ich erinnere mich ganz genau an diese Abbildung: Ein Mensch ohne Kopf saß auf einem Pferd. Der Mensch war mit einem Brustpanzer bekleidet und hielt einen Speer in der Hand. Lange Zeit hatte man wie selbstverständlich angenommen, bei dem Krieger müsse es sich um einen Mann handeln: Brustpanzer plus Speer = Krieger = männlich. Bis irgendeine Wissenschaftlerin auf die deutlich sichtbaren Beine dieses Menschen hingewiesen hat: auf die unverkennbar weiblichen Oberschenkel. Das ist ein wunderbares Beispiel dafür, wie unsere Voranname die zu ziehenden Schlüsse beeinflussen.

Gerade erst lese ich ein anderes Beispiel für dieses Phänomen. Eine internationale Forschergruppe um die Anthropolog*in* Alison Macintosh (Universität in Cambridge) hat durch die Beschaffenheit der Knochen von Menschen der Jungstein- und Bronzezeit herausgefunden, dass Frauen über enorme Oberarmmuskeln verfügt haben müssen. Unsere Vorstellungen von einem muskelbepackten Vorfahren und einer zarten Vorfahrin wird damit erstmals erschüttert. Woher hatten wir überhaupt diesen Eindruck? Von unseren Vorannahmen natürlich.

Zurück zu den Jongleuren. Ich finde diese Untersuchung außerordentlich ermutigend. Jonglieren! Wenn wir sogar das noch lernen können, dann wüsste ich nicht, was unser Kopf nicht mehr lernen könnte! Was er nicht noch leisten könnte! Es scheint mir also ganz wichtig zu sein, uns nicht einreden zu lassen, wir gehörten jetzt zum alten Eisen und nichts ginge mehr. Wobei – vielleicht ist es gar nicht so sehr das Problem, dass andere Menschen uns das einreden wollen, vielleicht sind wir da selbst unsere ärgsten

FeindInnen. Vielleicht reden vor allem wir selbst uns ein, was wir alles nicht mehr könnten.

Versuchen wir, uns von mangelndem Selbstvertrauen zu trennen. Ja, Vorsicht ist die Mutter des Porzellanladens (oder war es der Elefant in demselben, der Schaden anrichtete?) – aber wir sollten das mit der Vorsicht nicht übertreiben. Das sollten wir schon in jungen Jahren nicht, aber jetzt erst recht nicht. Das eigene Selbstbewusstsein, das Vertrauen in die eigenen Fähigkeiten, der Mut, gewisse Dinge doch einfach noch einmal auszuprobieren, auch auf die Gefahr hin, dass es nicht gleich klappt, scheint mir entscheidend zu sein.

Wenn ich nicht sehr irre, dann steht insbesondere uns Deutschen der Perfektionismus im Weg. Und das nicht erst im Alter. In vielen Sylvester-Urlauben in England in meinen jüngeren Jahren habe ich immer wieder bewundert, wie selbstverständlich dort Menschen mittleren und fortgeschrittenen Alters auf die Tanzfläche strömten, egal ob sie dabei eine gute Figur machten oder nicht. Wir Deutsche hingegen tanzen entweder gut oder gar nicht. Das ist eine wenig hilfreiche Einstellung, wenn man – egal in welchem Alter – etwas Neues erlernen möchte.

Trotz allem beginnen Artikel zum Thema „Das Gehirn im Alter“ nach meiner Beobachtung immer noch sehr häufig mit der Feststellung, dass das Gehirn mit zunehmendem Alter vor allem abbaue. Die Journalistin Alina Schadwinkel berichtet zum Beispiel: „Mit der Zeit verliert es an Masse, die Zahl der Hirnzellen nimmt ab, ihre Schutzschicht wird dünner und die Nervenverbindungen funktionieren schlechter, genau wie die chemische Signalübertragung. "Ich erspare uns die Beschreibung des chemischen Prozesses, der da abläuft, und referiere nur das Ergebnis: Lernen falle schwerer, Aufmerksamkeit, Konzentration und Reaktionszeiten nähmen ab. Aber dann kommt ebenso häufig ein Umschwung: Die Journalistin in meinem Beispiel schreibt weiter, dass „das Gehirn bis ins hohe Alter trainierbar [ist], da ausgefallene Nervenverbindungen von anderen übernommen und sogar neue Zellen gebildet werden." Aus diesem Grund könnten ältere Menschen durchaus noch Neues lernen und sogar jungen Menschen darin überlegen sein, wenn bei den Problemstellungen Wissen und Erfahrung bei der Lösung helfen. (*Die Zeit*, 11.1.2017)

Nirgendwo habe ich eine Überlegung zu einem Sachverhalt gefunden, den ich in meiner laienhaften Vorstellung für bedeutsam halten würde: Wir, die wir im fortgeschrittenen Alter sind, haben ungleich mehr in unserem Gehirn drin als je zuvor. Wahrscheinlich ist das tatsächlich eine zu laienhafte Vorstellung des Gehirns, aber ich würde das trotzdem einmal bedenken wollen. Wenn ich mir mein Gehirn wie eine Art Computer vorstelle – und die Parallele ist ja keineswegs abwegig, schließlich ist umgekehrt bei der Entwicklung künstlicher Intelligenz das menschliche Gehirn Vorbild.

Wenn ich mir unser altes Gehirn also als eine Art Computer vorstelle, dann ist die Datenmenge, die es bei jedweder Tätigkeit zu bearbeiten, zu sortieren, zu katalogisieren, zu formatieren hat, ungleich größer als die Datenmenge, die es früher umzuwälzen hatte. In jedem Jahrzehnt, das unser Gehirn länger gearbeitet hat, kam eine riesige Datenmenge hinzu. Was haben wir in all den Jahrzehnten nicht alles gedacht, verarbeitet, überprüft, angenommen oder abgelehnt, ausprobiert oder verworfen? Auch erlebt. Und das Erlebte im Kopf bearbeitet, verkraftet, durchdacht. Wie viele Namen, Gesichter, Telefonnummern, Bücher, Filme, Theaterstücke, Wissen, Orte und Menschen haben wir nicht getroffen, uns gemerkt, gelesen, angesehen; und immer wieder durchlebt, durchlitten und durchdacht. So betrachtet, finde ich die Leistung unseres Gehirns eher beeindruckend als enttäuschend. Wir sollten stolz darauf sein, was es nach all diesen Jahren des nimmermüden Arbeitens immer noch bereit und in der Lage ist zu leisten.

Bei meiner Parallele zu einem Computer kann ich natürlich nicht umhin wahrzunehmen, wie oft uns die Experten raten, einen neuen zu kaufen, weil der besser und schneller arbeite als der alte („alt" bedeutet in diesem Zusammenhang bestenfalls fünf Jahre). Es gehe dabei um „die Leistung" des Computers – ein Begriff aus der Informatik, der die Verarbeitungsgeschwindigkeit von Computern beschreibt. Beim Kauf eines neuen PC übertragen wir alle alten Daten und wenn dabei nichts schiefgeht, geht nichts verloren. (Wir lassen jetzt einmal beiseite, dass bei Computern fast immer irgendetwas schiefgeht.) Der Kauf eines neuen PC sei deshalb ratsam, weil er in der Lage sein werde, sowohl die alten Daten als auch diejenigen, die in Zukunft noch neu dazu kommen werden, schneller zu verarbeiten.

Genau dabei – bei der Verarbeitungsgeschwindigkeit – sind die Gehirne junger Menschen tatsächlich schneller. Aber mein Vergleich zwischen einem menschlichen Gehirn und einem Computer hinkt an dieser Stelle: Die Menge der Daten, die Computer in ihren Rechnern bearbeiten, ist ungleich geringer als die in unseren Köpfen. Wahrscheinlich ist auch das wieder eine zu naive Betrachtung: Aber ein halbleerer Computer scheint mir zwangsläufig schneller als ein randvoll gefüllter zu sein. Es braucht einfach ein wenig Zeit, in der Datenfülle etwas zu finden.

Wie die NobelpreisträgerInnen darüber hinaus zeigen, sind die Jungen innovativer als wir. Auch das finde ich nachvollziehbar: Unser volles Gehirn hat zu allem schon einen mehrmals ausprobierten Lösungsweg parat. Das könnte das Denken in ungewohnte Richtungen behindern. Ruck zuck schlägt unser altes Gehirn einen bereits bekannten, erprobten Lösungsweg vor und blockiert damit zumindest für eine Weile die Suche nach einem neuen Weg. Oder, um es in einem anderen Bild auszudrücken: Unsere Gleise sind unglaublich ausgefahren. Tausendfach ausgefahren. Da dürfte es schwierig sein, den Zug der Gedanken von den gewohnten Gleisen weg und hin auf gänzlich neue Gleise zu lenken. Da muss erst irgendwer oder -was die eingerosteten Weichen mit Krawumm herumwerfen.

Aber an Krawumm mangelt es uns inzwischen ein wenig.

Das junge Gehirn hingegen hat nicht nur mehr Platz, mehr Leerstellen, die es ungehindert mit was auch immer füllen kann. Es sind auch noch nicht so viele Gleise verlegt worden, und die vorhandenen sind nicht so ausgefahren. Hinzu kommt wahrscheinlich noch eine gewisse Müdigkeit bei uns, die wir bereits seit Jahrzehnten alte und neue Gleise befahren. Bei den Jungen hingegen sind Wissbegier, Tatendrang, Abenteuerlust noch unbegrenzt vorhanden.

Aber wir haben die Erfahrung des Denkens auf unserer Habenseite – jetzt, da wir alt sind. Die schon zitierte Journalistin hielt fest, dass wir jungen Menschen darin überlegen seien, Probleme zu lösen, wenn Wissen und Erfahrung bei der Lösung helfen könnten. Nun scheint mir, das wäre oft der Fall: Worauf sonst gründen wir zu treffende Entscheidungen? Diese Überzeugung scheint den in den letzten Jahren immer beliebter werdenden Mentoring-Programmen zugrunde zu liegen: Ein Mensch steht einem anderen Menschen bei was auch immer zur Seite. In der Regel ist der Mentor oder die Mentorin deutlich älter als der oder die Mentee – ich hasse Anglizismen und das nicht nur, weil ich ziemlich gut Englisch kann, sondern auch weil das Deutsche eine wunderbare Sprache ist, die nur in den seltensten Fällen kein schönes, passendes, entsprechendes Wort zu bieten hat. Hier aber fällt mir nichts Passenderes ein als der oder die Betreute, Ratsuchende, Anzuleitende, Lernende. Eine Freundin schlug Zögling vor, aber das überzeugt mich auch nicht so recht.

Entschuldigen Sie meine Abschweifung, aber Sprache interessiert mich. Diesen Mentoring-Programmen also liegt der Gedanke zugrunde, dass die Altersdifferenz ein Vorteil für den jüngeren Menschen sei: Der jeweils ältere Mensch könne aufgrund seines Erfahrungsschatzes und Wissens der jüngeren Person Hilfreiches, Wertvolles, Bedenkenswertes mit auf den Weg geben.

Aus meiner eigenen Erfahrung heraus kann ich jedoch sagen, dass eine solche Beziehung keineswegs einseitig ist. Nicht nur für die jüngere, sondern auch für die ältere Person stellt sie eine große Bereicherung dar. Ich finde es immer wieder spannend, an den oftmals andersgearteten Gedankengängen und Interessen eines wesentlich jüngeren Menschen teilzuhaben. Nicht selten erinnert mich das an meine eigenen Gedanken vor Jahrzehnten. Oftmals hatte ich sie vergessen, und sie kommen mir erst durch den Austausch wieder.

Die Veränderungen des Körpers lassen sich durch die enormen Fortschritte in der Medizin der letzten Jahrzehnte vergleichsweise einfach und objektiv beschreiben. Bei denen im Kopf stecken wir erst noch in den Kinderschuhen. Sie lassen sich wohl nicht so einfach messen, tabellarisch darstellen, auf Röntgenbildern und MRTs sichtbar machen. Zudem ist es noch nicht üblich, das Langsamerwerden unserer geistigen Fähigkeiten zu messen. Im Internet habe ich Untersuchungen zu Alzheimer gefunden, ich kenne aber niemanden, der sie schon an sich hat machen lassen, und ich bin im Zweifel, wem das was bringt. Wir können nachlesen, bei wie viel Prozent der Bevölkerung in welchem Alter

Alzheimer auftritt. Wir können – nur zum Beispiel – bei einem Radiologen „am offenen Hochfeldkernspintomografen durch eine hochauflösende, spezielle Kernspinuntersuchung und modernste Auswerteverfahren“ herausfinden lassen, wie groß „das persönliche Risiko, an einer Alzheimer Demenz zu erkranken,“ ist. Aber dann was? Will ich das überhaupt? Halte ich das für sinnvoll? Es wird zwar behauptet, je früher man um dieses Risiko wisse, desto gezielter könne man dagegen vorgehen, aber was dann dazu an schwammigen Vorschlägen im Internet zu finden ist, hat mich nicht überzeugt. Nein, ich meine damit keineswegs die Äußerungen von Laien in privaten Foren, sondern auch auf den Webseiten der medizinischen Fachleute. Natürlich muss das jeder Mensch für sich allein entscheiden, aber da ich – wie Sie schon wissen – aus einer Familie komme, in der man der Medizin und den Medizinern skeptisch gegenüberstand und ich mit dieser Skepsis bisher sehr gut gefahren bin, würde ich Ihnen gern zur Vorsicht raten.

Einer jungen Freundin von mir in England haben sie vor ihrer ersten Schwangerschaft zu einem Gentest geraten, weil sie vermeintlich zu einer Risikogruppe gehörte. Es wurde dann tatsächlich festgestellt, dass irgendeines ihrer Tausenden von Genen aus der Reihe tanzt, aber man wusste überhaupt nicht, was das aus der Reihe tanzende Gen bedeutete. Auch wissen wir noch so wenig über Gene, dass es möglich sein könnte, dass die Vorfahren meiner Freundin alle diesen vermeintlichen Gendefekt hatten, ohne dass er einen Einfluss auf ihren Nachwuchs gehabt hat.

Sie können sich sicherlich vorstellen, welche Sorgen sie und ihr Mann sich machten, bis das gesunde Kind geboren wurde. Bei der zweiten Schwangerschaft haben sie sich den Unsinn nicht erneut aufschwatzen lassen, und wieder bekamen sie ein gesundes Kind. Die Kinder sind inzwischen Teenager und immer noch pumperlgesund.

Natürlich braucht die Forschung Versuchskaninchen und natürlich ist es jedes Menschen gutes Recht, sich freiwillig und bewusst als solches herzugeben. Aber das „bewusst" beinhaltet, vor der persönlichen Entscheidung eine gehörige Portion Informationen zu sammeln und selbstständig nachzudenken.

Mein großer Bruder und ich haben es nicht so mit dem Verdrängen, weder beim Nachlassen unserer körperlichen noch unserer geistigen Fähigkeiten. Wir verfolgen im Gegenteil mit großem Interesse alles, was die Forschung zum Thema Alter zu sagen hat. Auch das wahrscheinlich wieder ein Erbe unserer Erziehung, denn unsere Mutter war immer über alles bestens informiert. Sie hatte *Das Beste aus Reader's Digest* abonniert – damals eine weitverbreitete Art Kessel Buntes für den wissensdurstigen Menschen – und teilte dieses Wissen mit uns. Ich erinnere mich, dass ich das damals eher nervig fand. Als sie starb, war ich 63 Jahre alt und fing gerade erst an, mich ernsthaft mit meinem eigenen Alter auseinanderzusetzen. Heute würde ich sie gerne danach befragen. Sollte in Ihrer Familie noch jemand aus der vorigen Generation leben, könnten Sie sich noch aus erster Hand informieren, bevor es unwiderruflich zu spät sein wird.

Natürlich änderte sich das, was die Forschung zu welchem Thema auch immer in die Öffentlichkeit brachte, regelmäßig. Endgültige Wahrheiten sind eher selten, weshalb ja auch an allem ständig weitergeforscht wird. Diese Erkenntnis ist übrigens uralt. Schon im 12. Jahrhundert schrieb Hildegard von Bingen: „Von jedem Gedanken, der gedacht werden kann, ist auch das Gegenteil wahr."

Nach aktueller Hirnforschung ist unser Gehirn also auch im höheren Alter durchaus noch in der Lage, korrekt zu arbeiten, wenngleich wahrscheinlich anders als in der Jugend. Grundsätzlich können wir zwar den Prozess des Alterns nicht aufhalten, aber wir können die Art und Weise dieses Prozesses beeinflussen. Übereinstimmend finden die Forscher und Forscherinnen, dass wir sowohl etwas für die körperliche Gesundheit als auch für die geistige Fähigkeit tun könnten und sollten. Was den Kopf betrifft, sagt die Forschung übereinstimmend, dass man ihn anstrengen müsse. „Intelligenz wächst durch Anstrengung" titelte der *Tagesspiegel* (6. April 2016). Jeder Mensch komme mit einem bestimmten Intelligenzpotenzial auf die Welt, müsse aber ständig lernen, um es zu entfalten – und zwar von klein auf bis ins höchste Alter. Kreuzworträtsel und Sudokus genügten eben gerade nicht, weil sie – wenn man erst eine gewisse Übung darin habe – den Kopf nicht mehr fordern.

Bettina Hannover ist Professorin für Psychologie an der Freien Universität Berlin. Sie erklärt, dass es bei der Entwicklung von Intelligenz genauso sei wie beim Sport:

„Wenn ich Übungen mache, die mich nicht anstrengen, erhalte ich vielleicht meine Fitness oder meine Kraft – steigern kann ich sie dadurch jedoch nicht. Einen Leistungszuwachs erlebe ich nur dann, wenn ich Übungen mache, bei denen ich mich anstrengen muss. Alle Angebote, die ein ‚Lernen im Schlaf' oder Ähnliches versprechen, sind daher Kokolores, sie funktionieren einfach nicht. Wenn ich mich bei einer Aufgabe nicht anstrengen muss, profitiere ich auch nicht von ihr. Muss ich mich dagegen anstrengen, bedeutet das, dass meine Intelligenz wächst."

Also gut, wir müssen uns anstrengen. Das allein scheint aber nicht zu genügen, wie uns wiederum die Forschung sagt. Sabine Engel, die als Altersforscherin an der Universität Erlangen arbeitet, erklärte dem *Tagesspiegel online*, dass die Beschäftigung des Gehirns Spaß machen müsse, sonst bringe sie nichts. Eine Erklärung dafür habe ich nicht gefunden. Wenngleich das natürlich eine erfreuliche Nachricht ist, die einem das Leben erleichtert, leuchtet es mir rein technisch betrachtet nicht sonderlich ein. Ich habe auch versucht, die Begründungen dafür zu verstehen, jedoch ist mein biologisches und chemisches Grundlagenwissen zu meinem allergrößten Bedauern zu bescheiden, als dass ich das Gelesene an Sie weitergeben könnte.

Ich kann hingegen auf meine langjährige Erfahrung hinweisen, die das mit dem Spaß bestätigt. Es hat allerdings, so scheint mir, weder etwas mit Chemie noch mit Biologie zu tun, sondern schlicht mit der Psyche, genauer: mit meinem Durchhaltevermögen. Was auch immer ich beschließe zu tun, weil ich das für richtig halte, funktioniert nicht lange, wenn ich keinen Spaß dabei habe. Pflichtgefühl hilft mir persönlich nur, etwas zu beginnen, nicht aber, durchzuhalten. Dass die Forschung mein Unvermögen, ohne Vergnügen etwas zu tun nicht für sinnvoll erachtet, weil es nichts bringe, kommt mir außerordentlich entgegen.

Immer wieder lese ich, dass durch die Anstrengung, etwas Neues zu lernen, in meinem Gehirn neue Synapsen gebildet werden – keine Ahnung, ob man die essen kann. Spaß beiseite. Synapse kommt von griechisch syn = zusammen und haptein = fassen. Es wird also in unserem Gehirn etwas zusammengefasst. Und zwar an den dafür vorgesehenen Stellen, nämlich den Verbindungsstellen zwischen zwei Nervenzellen oder zwischen einer Nervenzelle und einer anderen Zelle. Diese Synapsen scheinen für das Funktionieren eines jeden Organismus unerlässlich zu sein, weil nur sie die Übertragung von Informationen gewährleisten.

Aber bilden sich in meinem Gehirn nur dann neue Synapsen, wenn ich Freude am Lernen habe, jedoch nicht, wenn ich es ungern tue? Eher leuchtet mir ein, was die Forscherin noch klarstellt:

> „Wer sein Gedächtnis nicht trainiert, wer im Alltag immer nur Routine hat, nichts Neues mehr lernt und auch in der Freizeit lieber fernsieht, als ein angeregtes Gespräch zu führen, nimmt fatale Folgen in Kauf. Geistige Inaktivität lässt die Synapsen im Gehirn erschlaffen oder sich ganz auflösen. Die Folge ist ein schlecht

vernetztes Nervengeflecht, die Gedächtnisleistung nimmt ab, ebenso die Fähigkeit, neue Lösungen zu finden."

Ich darf noch einmal durch Wiederholung verstärken: Wir nehmen „fatale Folgen" in Kauf, wenn wir nicht geistig aktiv bleiben. Noch eine gute Nachricht, die ich den Äußerungen der schon erwähnten Sabine Engel entnehme: Das Gedächtnis kann trainiert werden – genauso wie ein Muskel. Kernspintomografen zeigen, wie und dass sich das Gehirn durch Lernen tatsächlich verändere. Interessant für uns ist dabei vor allem, dass sich auch im Alter Nervenzellen nicht nur neu verflechten, sondern sogar nachwachsen können. Die jahrzehntelange Annahme, das Gehirn des Menschen sei bis zum Ende der Pubertät schon fertig entwickelt und danach käme nur noch der langsame Verfall, sei damit widerlegt.

Zurzeit ist das sogenannte Gehirnjogging angesagt. *Focus online* sprach mit dem Psychologen Günther Beyer, der mehrere Bücher dazu geschrieben hat. Er erklärt, dass zwar auch Kreuzworträtsel, Sudoku oder Auswendiglernen das Gehirn stimulierten, dass die Forschung sich aber darin einig sei: Gezielte Übungen zum Gehirnjogging zeitigten die größeren Erfolge. Sabine Engel bemerkt jedoch, dass sich diese Erfolge schnell verflüchtigten und dass man daher dranbleiben müsse: „Nur wer seinem Gehirn immer wieder neue Aufgaben stellt, beugt dem verfrühten geistigen Verfall vor." Und eine ganz aktuelle Studie über die geistigen Fähigkeiten sogenannter *Super-Agers* (das sind Menschen über 80), die genauso fit im Kopf waren wie 50- bis 70-Jährige, weist nach, dass es viel besser sei, Freunde zu treffen, als das beste Gehirnjogging zu betreiben. Die fitten Alten hatten nämlich auffallend viele positive Beziehungen zu anderen Menschen. (Northwestern University Feinberg). So viel zur Theorie.

Anstrengung

> Wenn man sich zu alt für eine Sache fühlt, sollte man sie erst recht probieren.
>
> *Pablo Picasso*

Jetzt aber zur Sache, Schätzeleins! Jetzt ist von uns allen Initiative gefragt. Vielleicht auch Mut, um neue, andere Wege zu gehen. Zudem ist Selbstvertrauen – also das Vertrauen in die eigenen Fähigkeiten und Möglichkeiten – vonnöten. Sollten Sie das vorige Kapitel übersprungen haben, fasse ich noch einmal kurz zusammen: Sowohl für unser seelisches Wohlbefinden als auch für das Funktionieren unserer grauen Zellen sind zwischenmenschliche Beziehungen von größter Bedeutung. Da wir jedoch nicht jede einzelne unserer wachen Stunden gemeinsam mit anderen Menschen verbringen können, müssen wir uns auch noch andere Betätigungen suchen. Diese Betätigungen sollten unbedingt sowohl den Kopf anstrengen, als uns auch Freude machen. Dann kann unser altes Gehirn noch alles erlernen und dadurch den Verfall hinauszögern.

Vielleicht sollte ich aber vorab noch einen Aspekt ansprechen, den die Mehrheit meines Freundeskreises in diesem Zusammenhang für bedeutsam hielte: Disziplin. Ich persönlich bin da gar nicht ihrer Meinung und mir scheint, die Forschung auch nicht. Wie wir eben gelernt haben, soll die Beschäftigung Spaß machen. Nach meinem Dafürhalten vertragen sich Spaß und Disziplin eher nicht miteinander. Nun halten mich meine Freunde und Freundinnen übereinstimmend für sehr diszipliniert und es gelingt mir nicht, ihnen deutlich zu machen, dass sie sich da irren. Sie denken, weil ich mich schon frühmorgens an den Computer setze, um zu schreiben, sei ich geradezu bewundernswert diszipliniert. Disziplin setzt meiner Meinung nach aber gerade voraus, dass man sich zu etwas zwingt, das man zwar machen sollte, aber nicht machen möchte. Wie ich aus Erfahrung weiß, funktioniert das bei mir überhaupt nicht. Ich setze mich nicht frühmorgens an den Computer, weil ich es sollte, sondern einzig und allein, weil ich es möchte. Wenn ich etwas tun sollte, das ich nicht gerne mache (wie zum Beispiel die jährliche Steuererklärung), schiebe ich es wochenlang vor mir her.

Gut – anstrengen und Freude machen. Jonglieren ist, glaube ich, nicht so meins, Fremdsprachen hingegen haben mich immer schon interessiert. Deshalb lerne ich auch Fremdsprachen nicht so sehr, weil es meinem Gehirn auf die Sprünge hilft, sondern weil ich es gerne mache. Aber dass es zudem meinem alten Gehirn gut tut, nehme ich dankend zur Kenntnis.

Seit fünf Jahren lerne ich Türkisch – und ich kann Ihnen sagen, das ist die Herausforderung meines Lebens. Ich nehme an, Arabisch oder Japanisch würde es auch tun, aber ich kenne keine Araber oder Japaner persönlich, wohingegen meine türkischen Kontakte mein Experiment mit Interesse und Bewunderung verfolgen: mit Mitte 60 noch eine neue Sprache – und dann gerade Türkisch?! Die ersten zwei Jahre war es einfach nur frustrierend. Es wollte und wollte nicht in meinen Schädel. Ich schob das auf mein Alter, hatte ich doch früher viel schneller Sprachen gelernt. Aber meine Schwester, die fast 20 Jahre jünger ist als ich und sich mit Fremdsprachen auskennt, behauptete, eine so schwierige, weil andere Sprache wäre für jeden Menschen zu jeder Zeit eine Herausforderung. Ich bin mir nicht sicher, ob sie das wirklich glaubt, oder ob sie mir – weil sie ein netter Mensch ist – nur hat Mut machen wollen.

Ich begann mit einem Intensivkurs, weil ich schnell begeisterungsfähig bin und mich meine eigenen neuen Entschlüsse gern hinwegreißen. (Das ist wahrlich nicht immer eine gute Idee, wie ich aus langjähriger Erfahrung weiß, aber für den jeweiligen Anfang eines neuen Kapitels ist es sehr hilfreich.) Der Intensivkurs sollte drei Wochen dauern, jeweils montags bis freitags, 17:00 bis 20:00 Uhr. Der späte Nachmittag war schon zu meinen besten Zeiten nicht meine beste Zeit – eher das Gegenteil. Am Ende der ersten Woche sagte mein Bruder, bei dem ich während dieser drei Wochen wohnte, vorsichtig zu mir: „Du machst natürlich, was du willst. Aber wenn ich du wäre, würde ich jetzt aufhören – du kommst jeden Abend mit einer Saulaune nach Hause.“ Zwar war das eine zutreffende Beschreibung meiner abendlichen Stimmung, aber ich konnte aus zwei Gründen nicht aufgeben: Erstens hatte ich meinen türkischen FreundInnen davon erzählt und zweitens war ich die einzige Vertreterin meines Alters in dem Kurs und ich konnte doch unmöglich auf einer ganzen Generation sitzen lassen, dass wir das nicht mehr packen!

Zum ganz schnellen Aufgeben neige ich nicht, weshalb ich es als Nächstes mit einem normalen Volkshochschulkurs versuchte, also einmal die Woche. Zehn Schülerinnen und ein Schüler hatten viel Spaß miteinander. Unser mittelalter türkischer Lehrer ließ uns Sätze machen wie: „Nihal ist Hausfrau. Sie putzt und kocht den ganzen Tag. Nihals Mann geht arbeiten." Er war nur wenig amüsiert über die Sätze, die wir unabgesprochen daraus machten: „Nihal geht arbeiten. Ihr Mann ist zu Hause. Er putzt und kocht den ganzen Tag." Dennoch war es immer noch wahnsinnig schwer und ich habe nur nicht aufgegeben, weil ich mir vor meinem Freundeskreis immer noch keine solche Blöße geben wollte. Ein gewisser Druck von außen hilft. Ich habe mir vor Jahrzehnten auch das Rauchen auf diese Weise abgewöhnt: Ich habe einfach allen Menschen erzählt, dass ich mit dem Rauchen aufhören würde und sogar um ein 20-Liter-Fass Altbier gewettet. Da hätte ich es dann schwerer gefunden, mein Scheitern öffentlich einzugestehen, als nicht mehr zu rauchen. Aber da war ich noch jung. Da wusste ich noch nicht, dass der Mensch derartig häufig scheitert, dass er dringend lernen muss, damit umzugehen.

In den Momenten, in denen ich dennoch mit dem Aufgeben liebäugelte, hielt mich tatsächlich auch die aktuelle Hirnforschung über weite frustrierende Strecken bei der Stange – weil wir doch unser Gehirn fordern sollen, um es möglichst lange fit zu halten. Forderte es mein Gehirn? Mir rauchte der Schädel! Mein Bruder hat das zwar nie gesagt, aber ich glaube, er hat nach dem ersten dreiwöchigen

Intensivkurs nie wieder etwas gegen mein Türkischlernen eingewandt, weil er die Rauchschwaden über meinem Kopf sah und das für ein gutes Zeichen hielt.

Aus meiner Erfahrung mit dem Versuch, Türkisch zu lernen, kann ich nur sagen, dass irgendetwas in meinem Gehirn stattgefunden haben muss, weil ich mir nicht anders erklären kann, dass ich grammatische Strukturen des Türkischen, die ich zu Beginn zwar logisch begriff, aber absolut nicht anwendbar in meinen Kopf bekam, inzwischen leidlich beherrsche. Irgend etwas muss sich also in meinem Kopf verändert haben. Ich glaube zwar immer noch, dass ich früher für denselben Prozess weniger als vier Jahre gebraucht hätte, aber offensichtlich funktioniert es immer noch, wenn man nur dranbleibt.

Hier wäre also mein erster Tipp für eine sinnvolle Beschäftigung im Alter: eine neue Fremdsprache zu erlernen oder eine früher einmal bekannte wieder aufzufrischen. Abgesehen davon, dass es Ihren Kopf fordert, was ihn wahrscheinlich auch in der Zukunft länger gut arbeiten lässt, hat es noch diverse andere Vorzüge: Sie lernen in einem Kurs andere Menschen mit gleichen Interessen kennen; Sie erfahren Neues über ein Land und seine Leute; Sie haben direkt noch ein neues Urlaubsziel. Ach ja, und es ist ein echter Zeitfüller, soll heißen, Sie können jeden Tag – wirklich jeden Tag viele, viele Stunden sinnvoll damit verbringen.

Insbesondere möchte ich Ihnen Kurse in dem betreffenden Land ans Herz legen. Seit ein paar Jahren ist das meine bevorzugte Art, Urlaub zu verbringen. Naja, Urlaub ist vielleicht nicht das richtige Wort: Erstens brauche ich, seit ich in der Rente bin, nicht wirklich noch Urlaub und zweitens strenge ich mich ja täglich stundenlang an. Bin ich dabei nicht immer die Älteste? Und komme ich mir deshalb nicht komisch dabei vor? Ja, ich bin immer die Älteste, aber nein, ich komme mir nicht komisch dabei vor. Warum auch? Da es in solchen Kursen üblich ist, sich zu duzen, haben meine Klassenkameraden und -kameradinnen zu Beginn eine gewisse Hemmung mir gegenüber. Zu Hause, im richtigen Leben, würde man natürlich eine weißhaarige Dame meines Alters nicht duzen. Andererseits gehört es sich freilich auch nicht, die Dame, die nun einmal dazugehört, auszuschließen. Während die anderen sich also ohne viel Federlesens duzen, muss ich immer erst klarstellen, dass sie mich natürlich auch duzen sollen. Danach spielt mein Alter dann kaum noch eine Rolle.

Zu Beginn habe ich mir während der Zeit immer eine Ferienwohnung gemietet, die ich mir selbst über das Internet suchte. Die Sprachschulen bieten ihrerseits Ferienwohnungen an sowie die Beherbergung innerhalb einer Familie. Letzteres wäre für meine Sprachkompetenz sicherlich vorzuziehen, aber ich fürchte, für Familienanschluss bin ich nun doch zu alt geworden. Irgendwann brauche ich meine Ruhe. Hotels und Pensionen gibt es natürlich auch überall flächendeckend und in jeder Preisklasse.

In Istanbul, das nur am Rande, machte ich den klassischen Anfängerfehler, obgleich ich – was das Erlernen von Fremdsprachen betrifft – nun wahrlich keine Anfängerin bin. Denselben Fehler habe ich nämlich schon vor buchstäblich 50 Jahren auf dem Hauptbahnhof in Mailand gemacht. Ich musste dort in einen Zug nach Monza umsteigen, hatte mir meine Frage nach diesem Zug zurechtgelegt und auch noch geübt, ich Dödel, sodass ein hilfsbereiter Italiener annehmen musste, ich sei der italienischen Sprache mächtig und er einen Schwall von Erklärungen über mir ergoss, von dem ich so gut wie nichts verstand. Nicht einmal Bahnhof.

Fünfzig Jahre später in Istanbul der gleiche Fehler, nur wollte ich dieses Mal Brot kaufen. Ich lege mir meinen türkischen Satz zurecht, übe ihn mehrmals und betrete klopfenden Herzens eine Bäckerei. Nun raten Sie mal, was eine Deutsche in einer Bäckerei außerhalb Deutschlands sucht? „Çavdar ekmeği var mı?“ Haben Sie auch Roggenbrot? Natürlich denkt die junge Frau hinter der Theke wieder, ich spräche Türkisch und erklärt mir ausführlich ihr Brotsortiment. Ebenso natürlich verliere ich sofort ihre Gedankengänge und muss dann doch mit dem Finger auf etwas zeigen, das ich aufgrund seiner dunkleren Farbe für Roggen halte.

In Izmir wagte ich mich – sehr zur Bewunderung meiner KlassenkameradInnen übrigens – als Einzige zum Friseur. Zwar hatte mir meine Lehrerin die passenden Worte beigebracht, aber dann war ich doch zu aufgeregt und das, was ich hätte sagen sollen, zu kompliziert, als dass ich einen einzigen zusammenhängenden Satz hervorgebracht hätte. Also ließ ich den Chef einfach machen. Er war total in seinem Element. Türkinnen haben zu nahezu 100 Prozent lange Haare, was den armen Friseuren kaum was anderes als Färben und Hochstecken zu besonderen Anlässen zu tun lässt.

Im Spiegel sah ich also den jungen Mann mir mit Freude und Verve eine schicke Kurzhaarfrisur schneiden. Ich hatte einen Freund fürs Leben gewonnen: Als ich am nächsten Tag mit zwei Mitschülern an seinem Geschäft vorbeiging, winkte mir der Chef nicht nur so zu, wie man einer guten Freundin zuwinkt, sondern ich wurde auch von allen anderen Damen voller freundlichem Interesse betrachtet – offenbar hatten sie von mir gehört.

Noch ein Vorteil des Altseins fällt mir in dem südländischen Zusammenhang gerade ein: Meine Klassenkameradinnen zwischen 20 und 50 erzählten täglich von Belästigungen. Ich weiß schon, wovon sie reden, denn das erinnert mich an meine Zeit in Paris, als ich 19 und 20 Jahre alt war. Das ständige offensive Anmachen ging mir fürchterlich auf die Nerven; ebenso wie es eigentlich allen anderen jungen Frauen in meiner Klasse auf die Nerven ging. Jahrzehntelang habe ich die Stadt deshalb gemieden. Darüber kann ich heute mit meinen weißen Haaren natürlich nurmehr lachen. Erst seit Männer mich in Ruhe meinen Kaffee genießen lassen, habe ich die Schönheiten der Stadt überhaupt schätzen können.

Drei kleine Anekdoten muss ich Ihnen noch erzählen, einfach nur, weil sie so schön sind und Sie vielleicht dazu bewegen, sich auch in diese Abenteuer zu stürzen. Auf dem täglichen Weg von meiner Wohnung zur Schule in Izmir musste ich sowohl mit dem Bus als auch mit der Fähre fahren. Beides stellte sich als Vorteil heraus, weil türkische Menschen überaus kontaktfreudig sind. Einmal saß eine Frau in meinem Alter in der Fähre neben mir und erzählte mir in glücklicherweise sehr langsamem und einfachem Türkisch ihre Lebensgeschichte. Nach jedem Lebensabschnitt beugte sie sich zu mir hinüber, legte ihre Hand auf meinen Unterarm, sah mir in die Augen und flüsterte: „Türkische Männer sind sehr schlecht." Als wir wenig später im Unterricht wie jeden Morgen nach unseren Erlebnissen des vergangenen Tages gefragt wurden, erzeugte meine Geschichte das größte Gelächter.

Nach mehr als vier Jahren meiner türkischen Bemühungen wurde ich kürzlich dafür belohnt. Ich saß mit einer jungen Türkin in einem Café in Berlin und bemühte mich, ihr irgendetwas auf Türkisch zu erzählen. Unmittelbar neben uns saß eine Türkin meines Alters. Nach einer Weile sagte sie in vorwurfsvollem Ton auf Deutsch zu meiner jungen Gesprächspartnerin: „Was spricht die denn für ein komisches Türkisch?!" Meine Partnerin wurde knallrot im Gesicht, bemüht sie sich doch immer sehr, mir Mut zu machen. Ich sagte freundlich zu unserer Nachbarin: „Ich lerne es doch erst!" Sie, barsch: „Wie alt sind Sie denn?!" Ich: „Siebzig." Schweigen. Inzwischen hatte meine Partnerin sich gefangen und sagte nun ihrerseits in vorwurfsvollem Ton zu ihr: „Sie kann es doch schon sehr schön!" Das blieb unkommentiert und die Frau ging. Meine Türkischlehrerin erklärte mir später, die Frau habe sicherlich gedacht, ich sei irgendeine Hinterwäldlerin aus dem tiefsten Osten Anatoliens. Gebildete Städter guckten geringschätzig auf ungebildete Dorfbewohner hinab, und der Gedanke, dass ich als Deutsche Türkisch lernen könnte, sei ihr gar nicht erst in den Kopf gekommen.

Von Genua aus machte ich einen Ausflug in die berühmten *Cinque Terre* und lief zweieinhalb Stunden lang einen Steilhang hinauf und den nächsten wieder hinunter. Gleichzeitig fand auf derselben Strecke ein Marathonlauf statt, sodass ich ständig hinter mir her keuchenden Menschen den Weg freimachte. Italienische Schimpfwörter kenne ich nur aus den Krimis, die ich lese, aber noch nie habe ich einen Menschen sie benutzen hören. (Das ist wahrscheinlich nicht verwunderlich, weil sie fast ausnahmslos mit Sex und dem männlichen Geschlechtsorgan zu tun haben, weshalb man sie sich im Beisein einer alten Dame verkneift.) Ich sitze also pausierend mitten auf dem Hang hinter einem Felsen verborgen, als ich eine japsende Stimme alle diese Wörter vor sich hin schimpfen höre. Als der junge Mann mich wahrnimmt, hält er entsetzt mit dem Schimpfen inne, während ich grinsend zu ihm sage: „So etwas sagt man doch nicht!" „Da haben Sie recht", erwidert er und schimpft erst weiter, als er mich irrtümlicherweise außer Hörweite glaubt.

Anschauungsunterricht vom Feinsten! Mich amüsieren solche Erlebnisse ungemein. Und nicht nur mich. Als ich vor ein paar Jahren begann, meinen Freundinnen und Freunden die Anekdoten meiner Sprachreisen zu erzählen, hörten sie mir amüsiert zu und schüttelten ein wenig den Kopf: Was die wieder alles erlebt hat! Ich darf Sie an das bekannte Sprichwort erinnern: „Wer nicht wagt, der nicht gewinnt." Wenn wir uns nicht in neue Situationen wagen, gibt es auch nichts zu gewinnen, nicht einmal Anekdoten, mit denen man später die FreundInnen erfreuen kann. Wir alle sollten mehr wagen, mehr ausprobieren, öfter einmal neue Wege gehen, neugierig bleiben, uns nicht abhalten lassen von angeborener oder anerzogener Zaghaftigkeit. Es gibt oftmals keinen wirklichen Grund, das Unterlassen von was auch immer auf unser Alter zu schieben.

Noch einmal zurück zu der Wohnung, die Sie eventuell mieten möchten. Seit ein paar Jahren bin ich in einer Vereinigung Mitglied, in der man über das Internet gegenseitig kostenlos die Wohnungen austauscht. Bisher war ich mit dieser Organisation einmal in Paris, einmal in Palermo und einmal in Genua. Sechsmal waren Familien in meiner Wohnung. Der Austausch muss nicht eins zu eins passieren. Nach meiner Erfahrung ist es eher selten der Fall, dass man Menschen findet, die gerade zu der Zeit in meiner Stadt sein wollen, zu der ich in ihrer sein will. Deshalb gibt es ein Punktesystem: Ich gebe jemandem virtuelle Punkte dafür, dass ich seine Wohnung benutzen darf und mit diesen Punkten kann diese Person dann ihrerseits irgendwann irgendwohin fahren. Ich muss also nur meine Wohnung für die vereinbarte Zeit freigeben. (www.guesttoguest.com)

Die allermeisten meiner Freunde und Freundinnen können sich das für sich nicht vorstellen. Die Tatsache, dass wildfremde Menschen in ihrer Wohnung sind, stört sie. Eine Freundin fand den Gedanken entsetzlich, dass diese fremden Menschen ihre Fotoalben durchblättern könnten. Solche Gefühle sind mir gänzlich fremd. Einmal abgesehen davon, dass ich wirklich weder wüsste, warum sie sich für die Fotoalben einer gänzlich fremden Person interessieren sollten, noch warum mich das stören sollte. Bei mir wird man keine Hochglanzbilder meiner nackten, alten Person finden.

In meiner Wohnung habe ich noch nie eine unangenehme Erfahrung gemacht. Im Gegenteil. Einmal simste mir ein junges französisches Ehepaar mit Kleinkind am Ende ihrer Tage bei mir, dass nicht nur sie die großen Scheiben in meinem Wohnzimmer genossen hätten, sondern auch ihr kleiner Junge – mit dem Erfolg, dass die Scheiben nun von den Abdrücken seiner Patschhändchen übersät seien. Wo ich denn bitte den Glasreiniger aufbewahre. Ich schrieb wahrheitsgemäß zurück, dass ich keinen hätte, weil ab und zu ein Fensterputzer zu mir käme. Als die französische Familie abgereist war, fand ich eine Flasche Glasreiniger samt Lappen in meiner Küche vor und die Wohnzimmerfenster glänzten.

Ich kenne hingegen jemanden, der schlechte Erfahrungen mit dem Vermieten einer luxuriösen Ferienwohnung gemacht hat. Jedes Mal war hinterher irgendetwas kaputt, ohne dass die Gäste Bescheid gegeben hatten, und einmal sind sogar Handtücher gestohlen worden. Übrigens kann bei der Wohnungstauschbörse der oder die jeweilige Wohnungsgeber/in eine Versicherung verlangen, die für eventuelle Schäden aufkommen wird. Ich habe schon beides erlebt: Einen Schaden, den ich in einer fremden Wohnung verursacht habe, und einen Schaden in meiner Wohnung. In beiden Fällen hat die Organisation für den reibungslosen Verlauf des Versicherungsschadens gesorgt.

Meinen ersten Gästen, einem anderen jungen französischen Ehepaar mit Kleinkindern, habe ich von den Erfahrungen mit der Luxusferienwohnung erzählt. Der junge Mann ist in der Organisation des Vereins tätig und wusste mir nur von selten auftretenden Problemen zu berichten. So selten, dass die Organisatoren überlegten, ob vielleicht eine ganz andere Haltung der Menschen dahinterstehe: Wenn ich viel Geld für eine Wohnung bezahle, habe ich eine gewisse Anspruchshaltung; wenn ich sie umsonst bekomme, fühle ich mich in Dankbarkeit verpflichtet.

Als ich beim dritten Mal mit dem Vorbereiten und Herrichten meiner Wohnung für die nächsten Gäste beschäftigt war, fragte ich mich, ob das Ganze nicht Quatsch sei. Es ist ja nicht, als könnte ich mir nicht leisten, eine Wohnung zu mieten. Aber dann kam eine spanische, sichtbar müde, alleinerziehende Mutter mit ihren drei Töchtern, die sich wahrscheinlich kein Hotel hätten leisten können. Nach einer Woche in meiner Wohnung hinterließen sie mir ein von den Mädchen gemaltes Bild, das mit Herzchen übersät war.

Ich bekomme übrigens mehrheitlich Anfragen aus Spanien. Bedauerlicherweise möchte ich aber gar nicht mit einer Wohnung im schönen Spanien tauschen. Und das ausschließlich, weil ich mich nicht auch noch mit Spanisch beschäftigen möchte. Vor Jahrzehnten hatte ich einmal einen vermeintlichen Geistesblitz: montags um 17:00 Uhr ging ich zu einem italienischen Volkshochschulkurs und gleich anschließend, um 18:30 Uhr, zu einem spanischen. Ich hielt das für äußerst ökonomisch. Was ich nicht bedacht hatte, war die Tatsache, dass sich die beiden Sprachen zu ähnlich sind. Meine spanische Lehrerin sagte häufig zum allgemeinen Gelächter der Klasse zu mir: „Sehr schön, Britta, aber das ist nicht Spanisch." Über sich selbst lachen zu können, ist übrigens auch äußerst hilfreich – egal in welchem Alter und egal in welcher Lebenssituation.

Und die Wohnungen, in denen ich zu Gast war? Diejenige in Paris war nicht so toll, die in Palermo großartig, die in Genua mittelprächtig. Aber ich darf daran erinnern: Es hat mich nichts gekostet. Oder besser: Es hat mich Punkte gekostet, was mich dazu verpflichtet, jemanden bei mir wohnen zu lassen. Das ist übrigens das Gute an dem System: Es lässt sich nicht ausnutzen, es funktioniert nur gegenseitig. Wenn ich niemanden bei mir wohnen lasse, habe ich keine Punkte, um woanders zu wohnen.

Es gibt noch eine weitere Art, kostenlos zu wohnen, allerdings kenne ich diese Möglichkeit nur für Frauen. Eine weltweite Organisation namens *Women Welcome Women Worldwide* (Frauen heißen Frauen weltweit willkommen) beherbergt einander kostenlos gegenseitig. *5W*, wie sich die Organisation in Kurzform nennt, wurde vor mehr als 30 Jahren in England gegründet. Es ging der Gründerin dabei nicht vorrangig darum, billig um die Welt zu reisen, sondern um den Kontakt der Menschen untereinander, die Teilhabe am gegenseitigen Leben. Die Mitgliederzahl liegt aktuell bei 2.370 Frauen aus 71 Ländern. Regelmäßig werden auch privat organisierte Gruppenreisen in der halben Welt für die Mitglieder angeboten.

Wenngleich Männer nicht Mitglieder werden können, sind sie als Begleiter willkommen.

Kennen Sie Tandempartner? Noch so eine tolle Erfindung! Mit Fahrradfahren hat es nichts zu tun. Der Begriff kommt – nehme ich an – vom Englischen „in tandem with“, was so viel heißt wie: gemeinsam mit. Zwei Personen treffen sich und sprechen eine Zeit lang in der Muttersprache der einen, dann eine Zeit lang in der Muttersprache der anderen Person. Die junge Türkin, mit der ich in einem Café saß, ist eine solche Tandempartnerin. Hier schlägt man wieder zwei Fliegen mit einer Klappe: Man trifft neue Menschen und man übt seine Fremdsprache/n. Auch in diesem Zusammenhang lerne ich die Menschen über eine Internetseite kennen – apropos Internet. Einerseits ist es eine tolle Erfindung, die die meisten – auch alten Menschen, die ich kenne, benutzen, andererseits ist es die Quelle nie versiegenden Frustes für uns. Erst kürzlich rief mich eine Freundin vollkommen frustriert an: Ihre Enkel hatten es für richtig gehalten, ihr nun endlich ein Smartphone zu schenken. Da sie stets hohe Erwartungen an sich selbst hat, setzte sie sich mit der Gebrauchsanleitung, die man ihr aus dem Internet ausgedruckt hatte, hin, um das Ding in den Griff zu bekommen. Wahrscheinlich hätten wir alle ihr sagen können, dass das so nicht funktionieren würde, und ebenso wahrscheinlich haben sich ihre Lieben nicht getraut, ihr das zu sagen. Oder vielleicht haben sie auch gedacht, das müsse sie selbst herausfinden. Wir haben dann eine halbe Stunde lang unsere diesbezüglichen Frustrationserlebnisse miteinander geteilt. Ich habe ihr versichert, dass es buchstäblich jedem Menschen, den ich kenne, so ergeht – nicht nur den alten. Dann ging es ihr wieder besser, sodass sie davon Abstand nahm, wie sie sich schon überlegt hatte, mit folgender Überschrift in die Lokalzeitung zu gelangen: „Pensionistin wirft sich mit Smartphone aus dem Fenster. Smartphone überlebt." Danach hat sie sich mit der ihr eigenen Zielstrebigkeit erneut mit dem Ding auseinandergesetzt, und ich freue mich berichten zu können, dass sie es inzwischen im Griff hat.

Segen oder Fluch – auf wenige Dinge passt diese Frage so wie auf die vielen elektronischen Geräte, die uns alle heutzutage umgeben. Auch ich kriege regelmäßig einen Nervenzusammenbruch, wenn mal wieder irgendetwas nicht funktioniert, das doch gestern noch funktioniert hat. Für meinen PC habe ich schon seit Jahren einen Fachmann. Wenn ich ihm am Telefon beschreibe, warum er mal wieder zu mir kommen muss, sagt er nicht selten: „Das können Sie selbst, Frau Zangen." Ab und zu dürfte er da recht haben, aber erstens muss man nicht alles können, zweitens muss man seine Grenzen kennen, drittens habe ich viel zu viel Angst davor, mir in meiner Unwissenheit ein Ei ins Nest zu legen, mit dem ich dann wiederum zu kämpfen haben werde. Die meisten Menschen in meinem Freundeskreis bitten eine befreundete Person, ihnen zu helfen. Aber oft höre ich dann, dass die Reparatur durch einen Freund (seltener eine Freundin) ziemlich lange gedauert hat, und ich finde nicht, dass das noch unter unbezahlten Freundschaftsdienst fallen kann.

Und ebenso oft höre ich, dass der vermeintliche Fachmann das Problem nicht wirklich gelöst hat. Da bezahle ich doch lieber jemandem Geld, der es kann und davon lebt.

Apropos Freundschaftsdienst und Freundschaftspreis. Ersteres verstehe ich, Letzteres nicht. Natürlich hilft man seinen Freunden und Freundinnen. Aber warum sollte man ihnen Geld schenken? Jemandem einen Freundschaftspreis machen, bedeutet jedoch de facto, ihm oder ihr Geld zu schenken. Leuchtet mir nicht ein.

Zurück zu elektronischen Geräten. Ich sage es ungern, aber ich glaube tatsächlich, beobachtet zu haben, dass wir Frauen größere Vorbehalte gegen elektronische Entwicklungen haben als Männer. Diese Vorbehalte behindern unseren Umgang mit ihnen. Mein großer Bruder spielt regelmäßig Golf in einem Altherren-Club. Da er sich – seinem Alter gemäß – als reinen Schönwetter-Golfer bezeichnet und er da nicht etwa der einzige in der Gruppe ist, ist angesichts der Wechselhaftigkeit des deutschen Wetters schnelle und kurzfristige Absprache wichtig. Das machen sie per SMS. Ich habe extra nachgefragt, ob wirklich alle daran teilnehmen. Mein Bruder hat mich ganz überrascht angesehen: Ja, natürlich haben alle ein Smartphone und natürlich können alle damit umgehen. Ich hingegen habe noch zwei Freundinnen, die noch nicht einmal einen PC zuhause haben, und mehrere, die ihr Smartphone zu selten benutzen, als dass man kurzfristig etwas verabreden könnte.

Zurück zu den angesprochenen Tandempartnern. Ebenso wie der größte Teil meines Freundeskreises es problematisch findet, wildfremde Menschen in ihre Wohnung zu lassen, finden sie es auch problematisch, sich mit wildfremden Menschen wo auch immer zusammenzutun. Zum besseren Verständnis ist das vielleicht der richtige Moment, auch Sie wissen zu lassen, was ich vielleicht längst hätte klären sollen und in solchen Momenten immer zu sagen pflege: Als der liebe Gott die Angst verteilte, war ich gerade Pipi machen – es ist nicht mein Verdienst, aber es ist sehr praktisch.

Für diejenigen von Ihnen, die in dem Moment, in dem ich gerade hinter dem Busch hockte, eine gewisse oder auch eine gehörige Portion Angst zugewiesen bekommen haben, hilft vielleicht, sich Folgendes zu überlegen: Ich treffe alle diese Menschen auf einer eigens dafür gemachten Webseite. Jede und jeder von uns ist dort mit vollem Namen und Adresse bekannt – allerdings nur den jeweiligen Organisatoren! Außerdem treffe ich diese Personen natürlich in einem öffentlichen Café – was sollte mir da passieren können?

Einmal bat mich ein junger Aserbaidschaner zum ersten Treffen zu sich nach Hause, weil er wegen einer Fußverletzung nicht laufen könne. Als ich meine Bedenken telefonisch äußerte, versicherte er mir in ernstem Ton, dass er mir vertraue. Er mir? Das fand ich so komisch, dass ich hinging. Wir sind inzwischen befreundet.

Noch so eine These von mir: Menschen, die sich für Fremdsprachen interessieren, sind eine Sorte für sich – ich meine das positiv. Sie sind offen, wissbegierig, im besten Sinne neugierig, zugewandt, freundlich. Dann kommt uns wiederum unser Alter zu Hilfe: Eine meiner Tandempartnerinnen, eine hübsche junge Italienerin, hat schon mehr als einmal einen (vermeintlichen) Tandempartner getroffen, der nicht nur eine Partnerin zum Sprachenlernen suchte. Natürlich hatte sie sich im öffentlichen Raum verabredet, sodass absolut nichts passierte und sie die Herren einfach nicht wiedertraf.

Mein französischer Tandempartner hatte in seinem Profil angegeben, dass er 38 Jahre alt sei. Nachdem wir uns bereits mehrere Male in einem Café getroffen hatten, sagte ich in irgendeinem historischen Zusammenhang: „Ach, das kannst du ja nicht wissen, da warst du noch gar nicht geboren." Woraufhin er mit schuldbewusstem Gesichtsausdruck schnell und leise sagte: „Ich bin 48." Ah, warum hatte er gelogen? Ich hatte mich doch nur mit ihm unterhalten wollen, sonst nichts, da war mir sein Alter doch ganz egal. Er hatte jedoch geglaubt, erklärte er mir, mit 48 wolle keiner mehr mit ihm reden. „Was soll ich denn da sagen?", erwiderte ich, die 20 Jahre Ältere. Natürlich ist es möglich, dass mich Menschen gar nicht erst kontaktieren, wenn sie mein Alter auf der Webseite sehen. Aber da ich immer welche gefunden habe, scheint es nicht alle abzuschrecken.

Schlechte Erfahrungen habe ich nur mit der Pünktlichkeit und Verlässlichkeit meiner Partner und Partnerinnen gemacht. Ich bin zu deutsch, als dass ich gewillt wäre, wiederholte Unpünktlichkeit und Unzuverlässigkeit zu akzeptieren. Das war bisher der einzige Grund, aus dem ich eine Partnerschaft beendet habe. Einer der Männer, die ich regelmäßig im Gefängnis besuche, hat mich zu Beginn unserer Zusammenkünfte einen Tag vorher immer angerufen, um mich an unsere Verabredung zu erinnern. Ich habe erst bei näherem Kennenlernen begriffen, warum er das für notwendig erachtete: Bei seiner südosteuropäischen Familie war es notwendig. Irgendwann habe ich dann einmal zu ihm gesagt: Du brauchst mich nicht zu erinnern, ich bin Deutsche! Wir haben glücklicherweise beide darüber lachen können.

Darüber hinaus ist es hilfreich, wenn man sich mit seinem Tandempartner oder der -partnerin gut versteht; wenn man sich etwas zu sagen hat; wenn die Chemie stimmt. Als mein Franzose nach zwei Jahren regelmäßiger persönlicher Treffen wieder zurück nach Paris musste, sagte ich bei einem unserer letzten Zusammenkünfte: „Du wirst mir fehlen. Jetzt muss ich mir wieder einen neuen passenden Partner suchen." Woraufhin er mir mit aller gebotenen Vorsicht – inzwischen kannte er mich gut genug, um meine zwiespältige Haltung zu moderner Elektronik zu kennen – Skype nahelegte. „Für dich versuche ich das", versprach ich. Seitdem skypen wir wöchentlich zu einem festgesetzten Zeitpunkt, und nur wenn einem von uns beiden etwas dazwischenkommt, lassen wir es ausfallen. Sie werden allerdings kaum glauben, wie oft ich technische Probleme mit diesem verdammten Skype habe. Ja, schon gut, ich weiß, ich bin es selbst schuld, aber das macht es auch nicht besser.

Mein nach mehr als 30 Jahren komplett eingeschlafenes Französisch ist zwar nicht mehr das, was es einmal gewesen ist, aber doch immerhin wieder hellwach. In London hatte ich Gelegenheit, das zu bemerken: Ein betrunkener Mann rempelt mich an und beschimpft mich auf Französisch.

Zu meiner Überraschung und Freude schimpfe ich ohne nachzudenken auf Französisch zurück.

Noch einen anderen Verein würde ich Ihnen gerne vorstellen: die Toastmasters. Das ist eine weltweite, vor rund 80 Jahren in den USA gegründete Vereinigung, die es sich zum Ziel gemacht hat, ihre Mitglieder zu besseren Rednern und Rednerinnen zu machen. Je nach Ort trifft man sich mehrere Male pro Monat und hält sich gegenseitig Reden, die meisten von ihnen fünf bis sieben Minuten lang. Ein Zeitnehmer überprüft das. An jedem Abend halten etwa vier Personen vorbereitete Reden und noch einmal fünf Personen Stegreifreden von je ein bis zwei Minuten. Durch die vielen unterschiedlichen Reden ist es immer sehr kurzweilig. Anschließend werden alle Reden bewertet und ein Gewinner oder eine Gewinnerin bestimmt. Anschließend geht, wer möchte, noch auf einen Sprung in eine nahegelegene Kneipe. Ich habe eine Weile gebraucht, da mitzugehen, aber ich würde es jedem Menschen empfehlen, weil wir dort auf ungezwungene Weise miteinander ins Gespräch kommen.

In meinem Club sind wir etwa drei Menschen meiner Altersgruppe. Das Gros ist zwischen 30 und 50 und hofft, das bessere Reden beruflich verwenden zu können. Die Atmosphäre ist ausgesprochen unterstützend. Auch vor den Bewertungen braucht man deshalb keine Angst zu haben. Ich habe im Laufe der fast sechs Jahre, die ich nun schon dabei bin, viele Menschen bei ihren zunehmenden Fortschritten beobachten können.

Üben macht auch beim Reden den Meister und die Meisterin.

Im Internet finden Sie die Orte, in denen es einen Ableger gibt. Sollten Sie keinen in Ihrer Stadt finden, gibt es keinen Grund, nicht selbst einen Ableger zu initiieren. Alle Klubs sind auf diese Weise entstanden: Ein paar Menschen haben sich zusammengetan. Zuvor würde ich Ihnen unbedingt raten, mehrere Male bei einem Klub in Ihrer Nähe als Gast mitzumachen. Sie können sooft als Gast dabei sein, wie Sie wollen. Irgendwann wird es aber sinnvoll, Mitglied zu werden, weil vorbereitete Reden nur von Mitgliedern gehalten werden dürfen.

Mit besonderem Vergnügen bin ich auf meinen Reisen im Ausland bei anderen Klubs zu Gast. Ich war schon in London, in Paris, in Rom und in Istanbul zu Gast. Wenngleich das Konzept des Abends immer dasselbe ist, ist es doch spannend zu sehen, wie unterschiedliche nationale Charakteristika die Stimmung des Abends beeinflussen. Alle bieten in der Regel auch englischsprachige Abende an. In London fand ich die Art der Vorträge sehr amerikanisch: Bühnenpräsenz war wichtiger als Inhalt. In Paris war nichts von der sprichwörtlichen Unfreundlichkeit der Franzosen zu bemerken. In Istanbul wurde *„my lady“* besonders offen und herzlich behandelt. Mein schönstes Erlebnis aber war in Rom. Wir Deutschen sind ja nun nicht gerade für unseren Humor bekannt, aber wo auch immer ich war, nirgendwo wird so viel gelacht, herrscht eine so fröhliche, entspannte Atmosphäre wie in meinem Stammklub in Düsseldorf.

Vielleicht hängt das mit der Offenheit zusammen, die man uns RheinländerInnen zurecht nachsagt.

In Rom herrschte zu meiner Überraschung eine ernste Atmosphäre unter den etwa 25 Anwesenden. Bei meinem zweiten Besuch dort, sollte einer seinen sogenannten *Icebreaker* halten. Das ist die erste Rede, die man überhaupt hält, und sie dient dazu, sich persönlich dem Kreis vorzustellen. Ein Anwalt, Anfang 40, im eleganten Anzug erzählte uns ohne jeden Anflug von Charme oder Witz von seinem beruflichen Werdegang. Danach kam sein Privatleben dran: Mit 14 hatte er sich unglücklich in ein Mädchen verliebt und seitdem sei er – keine Selbstironie erkennbar – „ein Mann vieler Frauen". Ich prustete los. Alle anderen Personen blieben ernst. Nach einer Kunstpause fuhr der Vortragende fort: „ein *Latin Lover*" (mit italienischem Akzent natürlich). Ich konnte mir das Losprusten erneut nicht verkneifen, aber wieder war ich die einzige. Später erklärte mir zu Hause ein befreundeter Mailänder, dass der sprichwörtliche *Latin Lover* Römer sei und auch der Rest Italiens sich deswegen über ihn lustig mache. Toll, was man so alles dazulernen kann.

Was können wir noch tun, um unseren Geist so fit zu halten, wie es nur geht? Lesen natürlich. In der eigenen Sprache können das Tageszeitungen, Zeitschriften, Magazine und natürlich Bücher aller Art sein. Während meines Studiums machte ich erstmals Bekanntschaft mit der großen Weltliteratur. Bis dahin hatte ich zwar viel, aber leichte Unterhaltungsliteratur gelesen. Dann also begeisterten mich die ganz großen Autoren und

Autorinnen. Ich wollte sie alle lesen – alle! Und ich glaubte in meiner jugendlichen Unbekümmertheit, das im Laufe meines Lebens schaffen zu können. Mein französischer Tandempartner hat mir erst kürzlich erzählt, dass es ihn bedrücke, nun mit 50 zu begreifen, dass er nicht mehr genug Zeit haben werde, alles zu lesen, das ihn interessieren würde.

Ich persönlich lese meistens in den Fremdsprachen, die ich frisch halten oder neu lernen möchte. Dabei habe ich meine Liebe für italienische Krimis entdeckt. Bis dahin habe ich immer gedacht, Krimis seien nicht meine Sorte Literatur. Da ich nicht nur lange Erfahrungen mit dem Erlernen von Fremdsprachen habe, sondern auch mit dem Unterrichten derselben, erlauben Sie mir, apropos Lesen, Ihnen noch einen Tipp zu geben. Es ist deutlich mein Eindruck, dass Lesen den Fremdsprachenkenntnissen nur dann etwas bringt, wenn viel gelesen wird. Die Menge macht's. Aber nach dem Buch, das man gerade liest, so häufig zu greifen, wie es unsere freie Zeit nur erlaubt, funktioniert nach meiner Erfahrung nur dann, wenn man das betreffende Buch auch lesen will und einigermaßen mit dem Niveau zurechtkommt.

In den langen Jahren, in denen ich Englisch an der Volkshochschule unterrichtet habe, ist mir mehr als einmal passiert, dass jemand mit Jane Austen begann, Englisch zu lesen. Ausgerechnet! Hätten sie mich vorher gefragt, hätte ich ihnen gleich sagen können, dass das schiefgehen würde. In Deutschland wird die große Autorin oft als eine Art Rosamunde Pilcher des 19. Jahrhunderts missverstanden.

Dabei schreibt sie ein sprachlich anspruchsvolles Englisch und arbeitet viel mit Ironie. In den weitverbreiteten Sprachen – wie Englisch, Französisch und Spanisch – gibt es sogenannte vereinfachte Lektüren auf verschiedenen Sprachniveaus. Probieren Sie aus, welche die für Sie passende ist. In vielen Stadtbüchereien kann man sie auch ausleihen.

Ebenso wichtig wie das Sprachniveau ist aber der Inhalt. Überlegen Sie sich, welche Sorte Bücher Sie in Ihrer Muttersprache gern lesen. Science-Fiction, Fantasy, Horror, Liebe, Reisebeschreibungen, Biografien, Geschichtsbücher oder was auch immer. Und erlauben Sie mir noch, Sie auf die vielen kleinen oder großen Buchhandlungen in unserem Land aufmerksam zu machen, die aussterben werden, wenn wir – diejenigen, die Bücher lesen – diese nicht bei ihnen kaufen. Es gibt nicht wirklich einen Grund, sie bei Amazon und Co. zu kaufen. Ihre Buchhandlung wird Sie beraten; die ausliegenden Bücher versorgen Sie mit jeder Menge neuer Anregungen. Ich betrachte das Aussterben unserer Innenstädte mit großer Sorge. Die kleinen, individuellen Einzelhandelsgeschäfte sind es, die die Atmosphäre europäischer Innenstädte ausmachen, die die meisten von uns so lieben.

Ich war kürzlich an einem Samstagnachmittag in Dessau. Ich lief endlos durch die Straßen und wähnte mich der einzige Mensch in dieser Stadt zu sein. Nirgendwo war irgendetwas los. Bis ich zufällig auf ein riesiges Einkaufszentrum stieß: Drinnen herrschte reges Treiben. Wäre ich allerdings nicht sicher gewesen, mich in Dessau zu befinden, so hätte ich das an nichts bemerken können. Überall sind diese Einkaufszentren identisch, überall sind die Innenstädte drumherum tot. Fürchterlich! Meine Buchhändlerin bei mir zu Hause hat mir erzählt, dass viele ihrer KundInnen sich im Internet Informationen holen und dann zu ihr kommen, um die Bücher zu bestellen. Noch kann sie sich – nicht zuletzt mithilfe dieser Kunden – dem Lauf der Entwicklung entgegenstemmen. Aber wie lange wohl noch? Für uns Alte ist es zudem vorzuziehen, ein Schwätzchen mit der Buchhändlerin zu halten, als allein zuhause vor dem PC zu sitzen und auf die Lieferung des im Internet bestellten Buches zu warten, während der Lieferwagen vor der Tür in der zweiten Reihe den Verkehr behindert und ein unterbezahlter Kurier die Treppe hinauf und hinunter hetzt.

Sie können das Lesen natürlich noch viel ernster betreiben: Zwei meiner Freundinnen aus meiner Altersgruppe haben ein Studium begonnen. (In nicht wenigen Sprachen ist das Wort für „lesen“ ja gleichzeitig das Wort für „studieren“.) Als ich in den 70er-Jahren studierte, fiel ich mit meinen lächerlichen acht Jahren mehr schon aus dem Rahmen. Mir ist während der Jahre meines Studiums nur ein einziges Mal eine zweite Frau begegnet, die ebenfalls ungefähr ein Jahrzehnt älter war als der Rest. Wenn Sie heute hingegen einen Seminarraum in einer Universität betreten, werden Ihnen überall die alten Gesichter auffallen. Insbesondere in den Studiengängen Geschichte, Kunstgeschichte, Archäologie und Philosophie sitzen sie. Meine beiden Freundinnen versichern mir, dass niemand daran Anstoß nehme. Die eine ist als Gasthörerin in der Philosophie eingeschrieben. Sie macht das schon seit Jahren mit nimmermüdem Interesse. Die Frage, ob sie sich als Gasthörerin oder als „ordentliche" Studentin einschreiben lassen würde, stellte sich für sie nicht, weil sie kein Abitur hat. Wahrscheinlich genießt sie deshalb umso mehr die geistige Herausforderung, die ihr in jungen Jahren verwehrt geblieben war.

Die andere Freundin hat hingegen bereits studiert, aber nicht das, was immer schon ihre Leidenschaft gewesen war: das antike Griechenland. Trotzdem stellte sich ihr die Frage nach der Gasthörerschaft, weil das keinerlei Referate, Tests, Prüfungen oder Abschlüsse beinhalten würde. Eigentlich, so erzählte sie uns, hatte sie kein Interesse mehr an diesen Herausforderungen; dies umso weniger, als sie zwar über das Latinum, nicht aber über das Graecum verfügte. Bei dem entscheidenden Gespräch waren wir zu dritt und wir zwei anderen sahen nur die Begeisterung, die ihr Gesicht geradezu strahlen ließ. Deshalb begriffen wir nicht so recht, weshalb sie das Graecum nicht würde nachmachen können. Wir hätten gut reden, beschied sie uns. Okay, aber da ich während meines Studiums das Latinum hatte nachmachen müssen, war ich nicht so ganz unbeleckt, was die Schwierigkeiten anbetraf.

Wir zwei anderen schreiben es uns erfreut auf unsere Fahnen, dass die Dritte im Bunde sich dann doch für ein „ordentliches" Studium entschied und ihr Graecum inzwischen mit Bravour abgeschlossen hat. Überhaupt ist sie unglaublich glücklich darüber, das Studium begonnen zu haben; es ist *die* Freude ihres letzten Lebensabschnittes.

Sie hat dadurch natürlich auch Kontakt zu Menschen bekommen, die alle ihre Enkel und Enkelinnen sein könnten, was ihr Leben ebenfalls sehr bereichert. Was zunächst eine rein intellektuelle Beschäftigung zu sein schien, hat nun auch positive Auswirkungen auf ihr psychisches Wohlbefinden.

Nun muss ich doch noch einmal auf Untersuchungen zurückkommen. Es gibt nämlich noch etwas anderes, das ich Ihnen wärmstens ans Herz legen möchte: singen. Es habe nicht nur einen überaus positiven Einfluss auf unser Denkvermögen, so hielt eine Untersuchung fest, es verursache auch Gefühle von Wohlbefinden, Freude, positiver Aufregung und Spaß. Ich glaube, jeder Mensch, der einmal gesungen hat, kann das bestätigen. Zudem stärkt das Erlernen von immer wieder neuen Texten und Noten unsere Hirntätigkeit. Auch ein stärkeres Bewusstsein für Atmung und Haltung des eigenen Körpers sei eine positive Folge des Singens. All das insbesondere beim Singen in einem Chor. (James Robertson, Universität Edinburgh, 2015)

Wieder, so scheint mir, paaren sich hier Kopf und Gemüt, denn auch in einem Chor treffen wir viele Menschen, mit denen wir Kontakt aufnehmen können. Teil einer Gemeinschaft zu sein, fördere ein Gefühl der Zugehörigkeit und der Hoffnung, so der Forscher. Es stärke das Selbstbewusstsein zu wissen, dass der eigene Beitrag – wie klein auch immer – von Bedeutung sei. Der Zwang, aufeinander hören zu müssen, erweitere auch unsere Fähigkeit zur Empathie. All das haben auch verschiedene andere Untersuchungen in den letzten 20 Jahren immer wieder festgehalten.

Sollten Sie also Freude am Singen haben, dürfte es Ihrem Gehirn in jedem Falle nicht schaden. Wenn Sie Klavier oder ein anderes Instrument spielen, können Sie sich die zu erlernenden Melodien vorspielen. So nicht, kann ich Ihnen zum Einstudieren der Melodien ein PC-Programm empfehlen, mit dem das großartig funktioniert: Es heißt *Noteworthy Composer*. Es dauert eine Weile, bis man damit zurechtkommt (was nach meiner Erfahrung allerdings für buchstäblich alle Computerprogramme zutrifft), aber danach habe ich es als wirklich sehr hilfreich empfunden.

Umstritten ist allerdings, ob Musizieren uns tatsächlich schlauer macht. Es gibt Studien, die das Musizieren im Kindesalter dafür verantwortlich machen. Aber ich habe auch Studien gefunden, die das nicht haben feststellen können, als sie musizierende mit nicht musizierenden Kindern verglichen. Nun könnte uns das eigentlich egal sein, denn selbst wenn dem so wäre, wäre es jetzt zu spät. Jedoch geistert die Auffassung durch die Forschung, bleibende positive Veränderungen des Gehirns würden sich auch dann noch einstellen, wenn die Musizierenden schon älter oder gar alt seien. Das Musizieren beuge Gedächtnisverlust, nachlassender kognitiver Fähigkeiten und dem Verlust der Sprachfertigkeit vor.

Ferner ist das Klavierspielen ebenso wie das Spielen eines anderen Instrumentes hilfreich für unseren alten Kopf. Ein Forscherteam hat 31 musikalisch ungeschulten 60- bis 85-Jährigen Klavierunterricht zukommen lassen.

Nach nur sechs Monaten hatten sich bei denjenigen mit dem Unterricht im Vergleich zu denjenigen ohne Unterricht gewisse kognitive Fähigkeiten deutlich verbessert, insbesondere die Vergesslichkeit, das Sprachvermögen und die Informationsverarbeitung betreffend – alles Bereiche, die wohl besonders von nachlassenden Fähigkeiten im Alter betroffen sind. (Jennifer Bugos, Professorin für Musik, University of South Florida)

Also nur Mut! Vielleicht wollten Sie immer schon einmal ein Instrument erlernen. Vielleicht haben Sie in Ihrer Jugend ein Instrument erlernt und jetzt wäre der Zeitpunkt, es wieder aufzugreifen. Allerdings kann ich bei meinem großen Bruder sehen, dass dieses Unterfangen auch eine gehörige Portion Frustrationspotenzial birgt. Er hat in seiner Lebensmitte völlig neu mit dem Klavierspielen angefangen, aber durch eine intensive Berufstätigkeit kaum daran arbeiten können. Heute hat er die Zeit, aber leicht ist es nicht. Immer wenn er ein neues Stück zu proben beginnt, hört er sich zuvor die entsprechende Einspielung eines der ganz Großen des Fachs an. Mir leuchtet zwar ein, dass man eine Vorstellung vom Klang des Stückes haben muss, das man zu üben beginnt, aber die Differenz zu den eigenen Fähigkeiten ist naturgemäß enorm frustrierend. Eine Freundin von mir, die Kindern und Erwachsenen Klavierspielen beibringt, berichtet auch von diesem Frust ihrer Schüler und Schülerinnen.

Da ich das nie probiert habe, kann ich nur aus meinen Erfahrungen mit dem Erlernen von

Fremdsprachen eine sehr allgemeine Weisheit von mir geben: Übung macht in unserem Alter kaum mehr den Meister, auch nicht die Meisterin, aber zu einer gewissen bescheidenen Fertigkeit können wir es schon noch bringen. Und wenn wir das für uns Richtige ausgesucht haben, dann werden uns unsere bescheidenen Fortschritte auch Freude machen.

Denken Sie an den Merkspruch, den unsere Generation noch weitgehend kennt – allerdings zumeist auf Latein. Erlauben Sie mir dennoch, ihn auf Deutsch zu zitieren, denn ich habe zwar ein – wenn auch nur kleines – Latinum, aber da ich das, was man bei uns in sieben bis neun Jahren an der Schule lernt, während meines Studiums in drei Semestern habe nachmachen müssen, habe ich noch nie Latein gekonnt.

Der Merkspruch lautet natürlich: ein gesunder Geist in einem gesunden Körper. (Das Internet übersetzt vermutlich korrekt: *Mens sana in corpore sano.*) Ich hoffe, dass ich Ihnen nun genug Anregungen geben konnte, um Ihren Kopf in Schwung zu halten. Oder zu bringen. Sie sind natürlich nur als Anstöße gemeint, die Sie hoffentlich dazu verleiten, Ihren eigenen Wünschen und Möglichkeiten auf die Spur zu kommen. Davor hatten wir uns schon mit einem gesunden Gemüt befasst. Ich würde einmal davon ausgehen, dass die schlauen Römer auch das gesunde Gemüt in ihren Spruch aufgenommen hätten, wenn es nicht noch runde 2000 Jahre gebraucht hätte, bis Sigmund Freud uns die Scheunentore zu unseren Gefühlen öffnete.

Der Körper

> Ein leeres Vorurteil ist das Alter. Die schnöde Frucht von dem trüben Wahn, dass der Geist abhänge vom Körper.
>
> *Friedrich Schleiermacher*

Ursprünglich fand ich Schleiermachers Äußerung tröstlich. Nein, eigentlich finde ich sie immer noch tröstlich. Aber wenn ich all das, was ich zum Thema gelesen habe, richtig verstanden habe, dann irrt er, was er aber wohl im ausgehenden 18. Jahrhundert nicht wissen konnte. Nach aktuellen Kenntnissen der Forschung ist der gesunde, fitte Körper eine nicht unerhebliche Grundvoraussetzung für unser seelisches und geistiges Wohlbefinden.

Dass die Psyche den Körper krank machen kann, ist eine Erkenntnis des 20. Jahrhunderts. Im Alter scheint es mir aber vor allem umgekehrt zu funktionieren: Das Nachlassen unserer körperlichen Fähigkeiten führt zu einer gewissen Schwermut der Seele. Vielleicht weil nichts unseren Alterungsprozess so deutlich sichtbar macht wie der Verfall des Körpers. Dass jeder andere Mensch unser Altwerden sehen kann, scheint oft belastender zu sein als objektive Gründe, die dazu beitragen, sich nicht gut zu fühlen. Da ich die Symptome des Alterns schon in vorigen Kapiteln beschrieben habe, muss ich sie sicherlich nicht noch einmal wiederholen.

Nur einen Aspekt habe ich noch nicht angesprochen – und wieder zögere ich bei der höflichen Wortwahl. Ist Wasserlassen besser als Pipimachen? Oder sich erleichtern vielleicht? Um genau zu sein: Es geht insbesondere um das weibliche Wasserlassen. Männer haben aufgrund der nachweisbaren Vergrößerung ihrer Prostata häufig schon ab dem Mittelalter Schwierigkeiten damit, die sich aber – wie nicht nur die Werbung, sondern auch mein männliches Umfeld mir berichtet – mit Tabletten gut in den Griff bekommen lassen. Bei uns Frauen hingegen habe ich keinen objektiven biologischen Befund aufspüren können, der erklären würde, warum die meisten Frauen das Bedürfnis haben, alle fünf Minuten zum Klo zu rennen. Zwar wird mir von den betroffenen Frauen immer erklärt, das hinge mit ihren Geburten zusammen, aber weder wird diese These in der Forschung unterstützt, noch erklärt es, warum auch Frauen ohne Kinder ständig zum Klo rennen.

Daher glaube ich, dass sich da etwas in unserem Kopf abspielt, das diesen Drang befördert. Nun wäre das ja ohne jeden Belang, wenn es das normale Leben nicht so beeinträchtigen würde. Wir alle kennen das: Längere Autofahrten sind ein Problem; jede Zugfahrt, weil frau die Toiletten in Zügen nicht benutzen möchte; überquellende Toiletten auf längeren Flugreisen; Wanderungen, sowie jedwede Veranstaltung, während der frau nur in der Pause hinaus darf. Ich hätte auch eine Ursache als Erklärung für dieses geradezu zwanghafte Verhalten anzubieten: Man hat uns als Kinder beigebracht, dass es nicht gesund sei, Pipi lange zu halten. Wir sollten uns erleichtern, sobald sich der Drang bemerkbar machte. Also stellten die

Jungs sich an Büsche, während wir Mädchen uns hinter die Büsche hockten. Ab der Pubertät – schätze ich mal – war das für uns Mädchen nicht mehr erlaubt, also begann die lebenslange Suche nach einer Toilette.

In meinen 40ern hatte ich sowohl eine radikalfeministische Phase als auch einen wanderfreudigen Lebensgefährten. Während unserer stundenlangen Wanderungen habe ich zunächst hinter diversen Büschen gehockt, bis ich die Diskriminierung leid war, und mich – ebenso wie er – absichtlich vor die Büsche hockte. Ich muss schmunzeln, wenn ich an das befreiende Gefühl dabei zurückdenke.

Ich weiß hingegen nicht mehr, wann ich damit anfing, meine Blasenmuskeln bewusst zu trainieren. Es hing wahrscheinlich mit dem zunehmenden Verfall unserer Mutter zusammen. Da wurde mir zum ersten Mal deutlich, was es bedeutet, nicht mehr einfach so auf die Toilette gehen zu können. Seitdem gehe ich absichtlich nicht bei jedem Minizucken meiner Blase hinaus, sondern trainiere bewusst, lange einzuhalten. Übrigens auch nachts. Ich trinke nur selten noch etwas nach 18:00 Uhr (keine Sorge, bis zu dem Zeitpunkt habe ich bereits reichlich Flüssigkeit zu mir genommen); ich verlasse nur gelegentlich mein Bett, um ein paar Tröpfchen hinauszutragen; ich gehe nicht zwangsweise auf jede sich anbietende Toilette. Vielleicht sollte ich zu Ihrer Beruhigung noch hinzufügen, dass alle meine diesbezüglichen medizinischen Werte in Topform sind.

Sich von einem fremden Menschen auf die Toilette begleiten lassen zu müssen, ist nicht komisch. Ich erinnere mich genau, wie lange unsere Mutter gebraucht hat, es zu akzeptieren. Es war ihr kaum weniger schwierig in Begleitung ihrer eigenen Kinder. Ihre Söhne hätte sie dabei eigentlich ganz ausschließen wollen, aber ich habe darauf bestanden, weil die beiden mich sonst nie hätten entlasten können. Sie selbst haben ihren Anteil klaglos übernommen. Auch, dass sie sich beim Waschen hat helfen lassen müssen, war ihr ein Riesenproblem. Ich erinnere mich ebenfalls genau an den Augenblick, in dem ich ihr zum ersten Mal beim Duschen half. Ich sagte: „Du wirst dich doch nicht vor deiner eigenen Tochter genieren!" Aber genau das tat sie.

Selbstverständlich machen Sie mit Ihrem Körper und Ihrem Leben, was Sie für richtig halten. Ich möchte Sie nur dazu ermuntern, über alles, das behauptet wird, eigenständig nachzudenken und dann für sich eigene Schlüsse zu ziehen.

Nur noch ein Wort zu unserem Urin. Vor Jahren hat Carmen Thomas eine sehr einflussreiche Radiosendung zu den Heilkräften von Urin gemacht. Seitdem benutze ich meinen Urin, wenn meine Haut an welcher Stelle auch immer welche Veränderung auch immer zeigt. Pickel, Rötungen, Verletzungen, Schürfwunden, Altersflecken – alle behandele ich mehrmals täglich mit meinem Urin und kann dabei zugucken, wie sie verheilen.

Wo ich gerade bei unserer Mutter war: Für ihre Kinder war ihr körperlicher Verfall ein abschreckendes Beispiel. Bei klarem Verstand vergreiste sie körperlich vorzeitig. Wir glauben, dass ein Grund dafür war, dass sie sich in den letzten Jahren ihres Lebens kaum noch bewegt hat.

In der Generation vor uns war Bewegung um der Bewegung willen nicht angesagt. Also bemühen wir uns um regelmäßige Bewegung. In meiner Jugend nannte man es „Körperertüchtigung“, und so witzig der Begriff uns heute anmutet, so sehr passt er doch. Natürlich achten wir auch darauf, nicht allzu viel Übergewicht anzusammeln – was uns, wie gesagt, zunehmend schwerfällt –, ausgiebig zu schlafen und Alkohol in Grenzen zu halten. Rauchen tun wir sowieso nicht. Zudem bemühen wir uns, unseren Kopf zu fordern und unser Gemüt bei Laune zu halten.

Wir haben noch nie ernsthaft mit dem Gedanken gespielt, unserer „Schönheit“ operativ nachhelfen zu lassen. Dabei wäre das wesentlich einfacher, wenngleich deutlich teurer. Je mehr wir alle diese durchoperierten Menschen in den Medien sehen, je mehr gerät jeder normale Mensch unter Druck. In den letzten Jahren übrigens auch die armen Männer: Im Jahr 2017 war der Anteil der Männer mit 17,5 Prozent „auf einem Rekordhoch“; 2009 waren es erst knapp zehn Prozent. (Deutsche Gesellschaft für Ästhetisch-Plastische Chirurgie, die sich sicher über den Unsinn freut.)

Ich setze „Schönheit“ in Anführungszeichen, weil ich die meisten von ihnen nicht schöner finde. Sophia Loren, Gina Lollobrigida und Cathérine Deneuve sind für mich geradezu abschreckende Beispiele. Ich begreife nicht, wie so schöne Frauen unfähig sind, in Würde älter zu werden. Bei der Deneuve habe ich immer Angst, dass ihr bei normal ausgeprägter Mimik die Gesichtshaut platzt und bei der Loren frage ich mich, wieso die Chirurgen noch nicht in der Lage sind, den Hals mit zu glätten.

Kann doch nicht so schwierig sein, oder? Bei Susan Sarandon war mir in ihren letzten Filmen aufgefallen, dass sie unentwegt überrascht dreinschaut – egal ob die Szene diese Mimik gerade hergab oder nicht, was bei einer so guten Schauspielerin zumindest überraschend ist –, bis eine Freundin, die Ähnliches bei einer Bekannten erlebt hat, mich aufklärte: Sie kriegen die Augenbrauen nicht mehr runter.

In türkischen Seifenopern können Sie die junge und die mittlere Generation von Frauen erst auf den zweiten Blick unterscheiden. Die Kleidung ist jeweils teuer und sexy, die Haare jeweils in voller Farbe. Den Unterschied macht die Mimik: Die gespannte Gesichtshaut der Mütter erwachsener Töchter reduziert ihre Mimik aufs Notwendigste. Männer betrifft das alles übrigens nicht, die dürfen ihre zunehmenden Falten und graumelierten Haare zur Schau stellen.

Mein Freundeskreis denkt, bei uns in Deutschland sei dieses Operieren nicht so weit verbreitet. Aber von den älter gewordenen deutschen Schauspielerinnen fallen mir nur zwei ein, die sichtbar dem Druck standgehalten haben: Cornelia Froboess und Hannelore Elsner. Die beiden haben meine uneingeschränkte Bewunderung. Es dürfte sehr viel Kraft dazu gehören. Kurz vor der diesjährigen Berlinale war in einer Fernsehzeitschrift ein aktuelles Foto von Iris Berben – ich habe sie überhaupt erst auf den zweiten Blick erkannt. Sie sieht deutlich verändert aus. Nein, nicht verjüngt, verändert.

Das ist etwas, das ich nicht verstehe: Woran sieht man bei einem operierten Menschen zumindest auf den zweiten Blick dennoch, dass er/sie nicht mehr jung ist? Woran – abgesehen von der erstarrten Mimik – erkennt man bei vollkommen geglätteter Haut das Alter dennoch? Und was mich auch noch interessieren würde: Wie geht der Mensch mit seinem veränderten, verzerrten Spiegelbild um? Iris Berben ist auf den zweiten Blick schon noch zu erkennen, aber kürzlich ging ein Bild von Pamela Anderson durch das Internet – Sie wissen schon, das ist die vollbusige Blondine, die vor Jahren an kalifornischen Traumstränden Menschen zu retten pflegte. Sie ist buchstäblich nicht wiederzuerkennen. Wie lebt sie damit, wenn sie in den Spiegel guckt? Vergleicht sie sich mit früher? Oder nur mit anderen Frauen?

Wir sollten das Vergleichen ganz lassen. Vergleichen wir uns mit jüngeren Menschen, kann das nur zu unserem Nachteil ausgehen, und da ich nicht wie eine 70-Jährige aussehen möchte, deren operiertes Gesicht eine unnatürliche Mimik zur Folge hat und deren Familie sie kaum wiedererkennt, ist das Operieren auch keine Lösung. Ich habe das mal vor dem Spiegel getestet: Wenn ich mit den Fingern nur ganz leicht die Haut über dem Unterkiefer Richtung Ohren ziehe, erscheinen die seit Jahren immer schärfer werdenden Mundwinkel deutlich weniger ausgeprägt – aber gleichzeitig verändert sich sofort die Form des Mundes. Ich sehe also nicht nur jünger aus, sondern auch anders. Das finde ich sehr befremdlich.

Ein Freund hat mir erzählt, dass irgendwo im arabischen Raum in die Lippen von Kamelen Botox gespritzt werde, weil dicke Lippen bei Kamelen ein Schönheitsmerkmal seien. Wie pervers ist das denn! Oder wie dekadent? Die Scheichs haben offensichtlich zu viel Geld übrig. Mich hingegen würde das viele Geld reuen. Was man damit alles machen könnte! Nein, akzeptieren wir die Tatsache, dass wir alt geworden sind und der Jahrmarkt der Eitelkeiten hinter uns liegt – was doch großartig ist. Konzentrieren wir uns darauf, den alten Körper fit zu halten, was offenbar auch noch eine positive Wirkung auf unser Gemüt hat. Die Forschung erklärt uns nämlich, dass Bewegung Endorphine, sogenannte Glückshormone, produziere und dass diese ganz wesentlich unser Wohlbefinden bestimmten. Sie scheinen unsere Stimmung zu heben, einen guten Schlaf zu beeinflussen und den Geist klarzumachen. Es gibt sechs dieser Hormone, die ich Ihnen auch auflisten könnte, jedoch scheint mir das nicht zielführend zu sein. Laut einer aktuellen Studie sind sogar Parkinson-Kranke, die kaum noch selbstständig laufen können, in der Lage, „problemlos" Fahrrad zu fahren und das Forscherteam erhofft sich davon einen positiven Einfluss auf die Erkrankung. (Alfons Schnitzler, Neurologe)

Um die Endorphine, sprich die Glückshormone, zu steigern, sollte der Mensch sich täglich mindestens 20 bis 30 Minuten lang bewegen. Nach Meinung der Fachleute sind Spazierengehen, Schwimmen und Fahrradfahren die einfachsten, preiswertesten und geeignetsten Sportarten. Zu Fuß gehen kann sowieso jeder Mensch, schwimmen eigentlich auch und wenn nicht, so ließe es sich noch erlernen. Mit dem Fahrradfahren habe ich ein wenig Bedenken, falls Sie es nicht gewohnt sein sollten. Dann würde ich Ihnen raten, es erst einmal so lange auf unbelebten Plätzen zu üben, bis Sie sich sicher fühlen. Das könnte eine Weile dauern, wenn Sie noch nie in ihrem Leben viel Fahrrad gefahren sind. Wenn Sie aber früher einmal gefahren sind, dann macht die Übung Sie schnell wieder zur Meisterin oder zum Meister.

Ein Freund von mir, der mit stetig zunehmenden Schmerzen vom regelmäßigen Tennisspielen zurückkam, ist aufs Radfahren umgestiegen. Er weist besonders darauf hin, dass der jeweilige Druck auf die Knie der entscheidende Unterschied sei. Mein jüngerer Bruder ist in früheren Jahren immer gerne gejoggt. Seit seinen 50ern wurde das zunehmend problematisch, doch er versuchte es nach gewissen Pausen immer wieder. Bis ein Orthopäde ihm deutlich machte, dass Joggen einfach nicht mehr der Sport für sein Alter sei und ihm stattdessen zum Fahrradfahren riet. Beide Männer erzählen übereinstimmend, dass Kondition sich auch dann noch gut aufbauen ließe, wenn man lange nicht gefahren sei. Beide heben zudem die Nähe zur Natur, durch die sie fahren, als wunderschönes Erlebnis hervor. Ein anderer Freund kann wegen Arthrose in den Füßen nicht mehr gut laufen. Das Problem löste er mit einem Klappfahrrad. Das nimmt er nun im Auto überall mit hin und erradelt sich, was er früher erlaufen hat.

Ich benutze mein Fahrrad wie andere Leute ihr Auto: Ich mache jeden Weg, den ich zurückzulegen habe, bis zu ungefähr 10 km grundsätzlich mit dem

Fahrrad. Um nicht ständig mit meinem inneren Schweinehund kämpfen zu müssen, habe ich absichtlich keine Monatskarte für die öffentlichen Verkehrsmittel. Denn hätte ich eine, müsste ich jedes Mal, wenn ich das Haus verlasse, eine Diskussion mit mir führen. Ohne die Karte und weil der ÖPNV inzwischen so teuer geworden ist, steige ich ohne größere Kämpfe auf mein Fahrrad, es sei denn, es regnete in Strömen.

Ich war vielleicht Ende 50, als ich auf einer Konferenz in Leiden in Holland war. Es war November, auf den Straßen lagen 2-3 cm Schnee, es war bitterkalt und alle Welt fuhr täglich mit dem Fahrrad hin und her. Irgendwann fragte ich meine in etwa gleichaltrige holländische Tischnachbarin auf der Konferenz, ob es denn keinen guten ÖPNV in ihrer Stadt gebe. Sie sah mich völlig verständnislos an. Es war offenkundig, dass sie nicht recht verstand, was ich von ihr wissen wollte. Also erklärte ich ihr, dass bei uns zu Hause in Deutschland fast jeder Mensch, den ich kenne, im Winter sein Fahrrad in den Keller stellt. Ihr höfliches Lachen verbarg nur schwer, dass sie sich über uns lustig machte, als sie antwortete: Es gäbe sogar einen sehr guten Busverkehr. Ich fuhr mit einem festen Entschluss nachhause: Wenn die Holländer das können, dann kannst du das auch. Seitdem fahre ich den ganzen Winter hindurch mit Ausnahme von vielleicht zwei oder drei Wochen, in denen Schnee und Glatteis es zu gefährlich machen.

Die Lebenspartnerin des Freundes, der vom Tennisspielen auf Fahrradfahren umgestiegen ist, ist ihrerseits vom Tennisspielen auf Boule umgestiegen. Das, berichtet sie, sei überhaupt *der*

Bewegungssport des Alters. Mir ist erst bei ihrer Erklärung aufgefallen, dass man in Frankreich, wo ja sehr viel Boule gespielt wird, vorwiegend alte Männer spielen sieht.

Als wir drei gemeinsam über Sport nachdachten, wurde uns klar, wie anders wir den heute betreiben. Nicht, dass wir gar nicht mehr ehrgeizig wären; nicht, dass wir nicht immer noch versuchten, eine gute Figur dabei zu machen; nicht, dass wir uns nicht immer noch über Siege freuten. Aber wir betreiben unsere sportliche Bewegung heutzutage sehr viel selbstbestimmter. Die Freundin erzählt, wie sehr der Ehrgeiz des Vaters sie früher bestimmt habe. Bei mir waren es die Reitlehrer, die mein Reiten bestimmt haben. Wir haben beide erst sehr viel später bemerkt, wie fremdbestimmt wir waren.

Zwar betreiben wir drei ebenso wie meine drei Geschwister Sport vor allem, weil es uns Spaß macht und es unser Wohlbefinden positiv beeinflusst, aber die Tatsache, dass es dem Altern vorbeugt, nehmen wir dankend zur Kenntnis. Nicht nur bei FahrradfahrerInnen, auch bei TänzerInnen haben Hirnforscher festgestellt, dass Tanzen das Risiko, an Demenz zu erkranken, mindere. Das kommentierte der Psychologe Siegfried Lehrl mit den Worten: „Bewegung beschleunigt das Gehirn zu maximaler Leistung“. (Steven Brown, Simon Fraser University, Kanada und Michael Martinez, Universität in Texas; bzw. Universität Erlangen)

Meine deutlich jüngere Schwester geht seit Jahren Salsa tanzen. Wäre ich jünger, würde ich ihrem Beispiel zu gern folgen. Aber ein Tanz, der so deutliche sexuelle Anteile beinhaltet, ist nun nicht mehr meins. Stattdessen „linedance" ich neuerdings. Die Boule spielende Freundin hat mich dahin mitgenommen, und ich finde es großartig. Sie kennen das bestimmt aus den Western-Filmen: Zu einer Art Hillbilly-Schrammelmusik hüpfen Männer und Frauen jeden Alters in einem Heuschober herum. Ich weiß nicht, ob die US-Amerikaner auch diejenigen waren, die das Spektrum dieses Tanzes ausgeweitet haben, aber auf jeden Fall wird in Deutschland zu jeglicher Musik „in Linie" getanzt. Es stehen also alle in einer oder in mehreren Reihen neben- und hintereinander und tanzen im Prinzip dieselben Schritte. Im Prinzip – das ist das Großartige daran. Da man sich nicht oder nur selten paar- oder gruppenweise anfasst, kann es einem vollkommen gleichgültig sein, ob die Nachbarin (den Nachbarn gibt es eher selten) die Schrittfolge schon drauf hat oder noch nicht. Umgekehrt natürlich genauso – auch die Nachbarin braucht sich nicht daran zu stören, wenn ich es noch nicht kann oder es besser kann.

Tanzen also, sagen die Fachleute, sei ebenso wie das Musizieren für jeden Menschen eine großartige Sache. Sollten Sie das Glück haben, einen tanzwütigen Partner oder Partnerin zu haben, können Sie natürlich auch ganz herkömmlich Gesellschaftstanz machen. Ich habe auch mehrmals in meiner Wohnung zum Tanz eingeladen. Das habe ich aus zwei Gründen wieder eingestellt: Zum einen war nur eine Handvoll meiner Freundinnen entzückt von der Idee, zum anderen habe ich inzwischen liebe Freunde und Freundinnen, denen laute Musik buchstäblich in den Ohren wehtut. Meine türkischen und meine aserbaidschanischen

Freunde hingegen tanzen bei größeren Zusammenkünften gern. Auffallend ist für mich – die Fremde –, dass es vor allem die jungen Frauen sind, die tanzen, sowie Männer jeden Alters, allerdings in deutlich geringerer Zahl. Aus diesem Rahmen als tanzende Alte herauszufallen, bereitet mir keinerlei Kopfzerbrechen, da ich als Deutsche sowieso aus deren Rahmen falle und man deshalb gewillt ist, mir eine gewisse Sonderrolle – um nicht zu sagen Narrenfreiheit – zuzubilligen. So tanze ich auf diesen Zusammenkünften ausgiebig mit den zwei Generationen nach mir. Meine für die Zuschauer und Zuschauerinnen überraschende Beweglichkeit erklärt ihnen ein türkischer Freund von mir damit, dass ich täglich Rad führe.

Vielleicht ist auch noch interessant, was ein Freund von mir in diesem Zusammenhang anmerkte: Frühere Generationen haben sich oft von dem leiten lassen, „was die Leute sagen". Er denkt, dass viele ältere Menschen damals Dinge nicht mehr machten, nicht weil sie sie nicht mehr hätten machen können (oder wollen), sondern weil „die Leute" sie nicht mehr für altersgemäß hielten. Diese Grundhaltung sei zumindest in seinem Umfeld deutlich zurückgegangen. Dem würde ich zustimmen. Ältere und alte Menschen können heute Dinge tun, die sie sich nur eine Generation vor uns nicht gewagt hätten zu tun. Eine andere Freundin von mir beobachtet in ihrem Umfeld hingegen, dass es vielen älteren Menschen an den dafür notwendigen Mut, Entschlossenheit, Selbstbewusstsein und Selbstvertrauen fehle. Deshalb möchte ich Sie erneut dazu ermutigen, mehr auf Ihre eigenen Bedürfnisse zu achten als auf das, was auch immer wer auch immer dazu zu sagen hätte.

Im Januar 2018 lese ich in meiner Zeitung, dass John Neumeier, seines Zeichens seit 1973 Chef des Hamburger Balletts, über eine Vertragsverlängerung nachdenke. Der Mann ist 79 Jahre alt! Der zuständige Kultursenator bemerkt dazu: „Ich war noch nie jemand, der an Altersgrenzen geglaubt hat, und Neumeier macht auf mich nicht gerade den Eindruck, dass er an seine Verrentung denkt“. Ob seine nicht müde werdende Energie etwas mit lebenslangem Tanzen zu tun hat? Sicher können wir uns nicht mit einem solchen Ausnahmetalent vergleichen, aber eine Scheibe von ihm abschneiden, das können und sollten wir schon.

Gymnastik wird heutzutage fast flächendeckend angeboten. Da Krankenkassen gewisse Kurse bezuschussen, lohnt es sich, sich diesbezüglich zu informieren. In meinem Freundeskreis werden neben gezielter Rückenschulung auch Muckibuden gern frequentiert. Meins ist das nun gar nicht, aber die Fachleute halten gezielten Muskelaufbau für sehr sinnvoll: Mit der Zeit werden die Muskeln halt schlaff und die Kraft nimmt entsprechend ab. Jedoch könne man Muskeln bis ins hohe Alter trainieren, erklärt der bekannte Sportwissenschaftler Ingo Froböse, und man sollte:

> „Das Motto zum Muskelerhalt sollte deshalb heißen: Je oller, je doller. Ich empfehle immer, je älter man wird, umso höhere, schwerere Belastungen sollte man seinen Muskeln bieten. Muskeln im Alter zu schonen hat nämlich

> überhaupt keinen Sinn. [...] Auch wenn man so die altersbedingte Regression nicht hundertprozentig aufhalten kann, kann man sie zumindest stark verlangsamen“. (Deutsche Sporthochschule Köln, Interview mit n-tv.de)

Ein Fitnessstudio sei dem Selbermachen vorzuziehen, weil die Anleitung durch geschultes Personal wichtig sei. Muskelaufbau sei unersetzlich, aber zusätzlich seien Kurse in Aerobic, Zumba oder Yoga wertvoll. Diese trainierten nämlich die Ausdauer, und deshalb seien sie als Ergänzung zum Krafttraining sinnvoll:

> „Beide, Ausdauer- und Krafttraining, stellen die grundlegenden Pfeiler für ein gutes, gesundes und fittes Altern dar. Bewegung in der Gruppe macht nicht nur Spaß, sondern ist auch wichtig, um Sozialkontakte zu pflegen. [...] Auch hier gilt das Prinzip: Was ich nicht benutze, verkümmert.“

Mir leuchtet durchaus ein, dass ein Abonnement in einem guten Fitnessstudio vorzuziehen ist: Nicht nur, weil wir dort (hoffentlich) von Fachleuten betreut werden, sondern auch, weil wir sicher öfter hingehen, wenn wir dafür Geld haben zahlen müssen. Ich habe zu Hause ein Thera-Band, muss aber zugeben, dass ich es deutlich seltener benutze, als ich es vorhabe und es sinnvoll wäre. Ich versuche, die Übungen damit in meinen Tagesablauf fest einzuplanen. Gute Erfahrungen habe ich damit gemacht, es während einer Radiosendung zu machen, die ich inhaltlich interessant finde. Mein gleichaltriger Bruder nimmt sich zu diesem Zweck Sendungen auf, die ihn interessieren. Einfach nur so, ohne Ablenkung schaffen wir es beide nicht.

Als ich mich gerade um Ihretwillen mit diesem Thema auseinandersetzte, fiel mir auf, dass ich zwei Fachleute in meinem Bekanntenkreis habe. Der eine ist professioneller Tänzer und hat mir in einem Café Übungen für meinen Trizeps vorgemacht. Sie wissen schon, das ist der Muskel am Oberarm, der sich insbesondere bei uns alten Frauen so hängen lässt. Der zweite Fachmann hat mir im Besuchsraum des Gefängnisses Übungen vorgemacht und mich bei der Gelegenheit Oberarmmuskeln fühlen lassen, gegen die ein Brett weich zu nennen ist. Beide haben mir auch – zu unserer jeweiligen großen Erheiterung – vor Ort Liegestütze in diversen Varianten demonstriert, aber dazu bin ich nun wirklich nicht mehr kräftig genug.

Sollte ich aber wohl sein. Sollten wir Alten sein. Und wir sollten alles versuchen, kräftig zu bleiben. Ich will Sie nicht erschrecken, aber die Folgen des berüchtigten Oberschenkelhalsbruchs bei über 65-Jährigen sind „dramatisch“, wie ich gerade in meiner Tageszeitung las: Nach dem Bruch können nur 10 Prozent weiterhin ohne jede Pflege leben, 22 Prozent müssen danach sogar in ein Pflegeheim; die verbleibenden zwei Drittel brauchen fürderhin unterschiedlich viel Hilfe. Ich bemühe mich seit längerem, meine Art, zu Fuß zu gehen, meinem Alter anzupassen, was gar nicht so einfach ist, wenn man von Hause aus einen eher schnellen Schritt hat. Ich versuche also, langsamer zu gehen, mich auf den Weg zu konzentrieren, hinzugucken. Zudem hilft jede Art von Körperertüchtigung, unsere Kraft und unser Gleichgewicht zu stärken, was die Voraussetzung dafür ist, gar nicht erst hinzufallen.

Gesundheit

Das Alter selbst ist keine Krankheit.

Terenz

Zugegeben, mir bangt ein wenig vor diesem Kapitel. Denn zum einen ist unsere Gesundheit ein weites Feld mit ihren kleineren und größeren Wehwehchen, den Schlafstörungen, den Arztbesuchen, den Medikamenten, den Operationen. Zum anderen aber ist es ein kontroverses Feld. Wo fängt medikamentöse Unterstützung unserer Gesundheit an und wo ist es zu viel des Guten? Überall sieht man bei alten Menschen eine Batterie von eigens von der Industrie dafür hergestellten Kartönchen. Auch unsere Mutter hatte einst ein solches Gefäß. Als es sich in ihrem späteren Leben ergab, dass sie den Arzt wechseln musste, bat ich den neuen, ihre Medikamente doch bitte auf Sinn und Zweck hin zu überprüfen. Bis dahin muss es ein knappes Dutzend gewesen sein. Nach und nach reduzierte er sie auf ungefähr die Hälfte, ohne dass sie selbst oder ich an ihr irgendeine Veränderung hätten bemerken können.

Das Problem ist – bei allen Medikamenten, die wir einnehmen –, dass wir keine Möglichkeit haben, festzustellen, ob es uns ohne diese Medikamente besser oder schlechter gegangen wäre. Es bleibt uns also schon irgendwie selbst überlassen, das zu entscheiden. Dabei ist sicher die Grundhaltung zu Medikamenten entscheidend: Es gibt Menschen, die glauben sehr an deren Hilfe und nehmen entsprechend viele; und es gibt Menschen, die glauben das nicht und nehmen eher weniger.

Dasselbe trifft übrigens auf alle „Anti-Aging“-Präparate zu. Da unsere Mutter eine große Anhängerin von Kosmetik aller Art war, war ich einen großen Teil meines Lebens damit beschäftigt, ihre diesbezüglichen, gut gemeinten Ratschläge abzuweisen. Ich habe den Eindruck, die Mehrheit meiner Freundinnen glaubt an die Kraft dieser Präparate – oder will doch zumindest daran glauben. Oder vielleicht wollen sie einfach nichts versäumt haben, das hätte helfen können. Ich wünschte schon seit Langem, mehrere Testpersonen würden sich dazu bereit erklären, ihr ganzes Leben lang die eine Hälfte ihres Gesichts mit Cremes zu versorgen, die andere Hälfte hingegen nicht. Nur dann ließe sich nachweisen, welche Wirkungen die Präparate tatsächlich auslösen.

Von den Frauen, die ich kenne, die sich schon ihr ganzes Leben lang eincremen – und das sind die allerallermeisten –, haben manche kaum Falten, manche einige Falten und manche sehr viele Falten. Natürlich kann ich das durch nichts beweisen, aber ich habe eher den Eindruck, irgendeine Veranlagung sei für das Altern der Haut verantwortlich.

Zurück zur Medizin: Die hat in den letzten Jahrzehnten derartig große Fortschritte gemacht, dass einem ganz schwindlig davon werden kann. Ersatzknie, Ersatzhüften, sogar ersetzte Organe gibt es in unser aller Umfeld. Früher – nur um ein Beispiel zu nennen – zwang die Arthrose alte Menschen zur Unbeweglichkeit. Das Bild von alten

Menschen, die stundenlang vor dem Haus auf einer Bank sitzen, haben sicherlich die meisten von uns aus unserer Jugend noch vor Augen. Heute tummeln wir uns im selben Alter stattdessen in Fitnessstudios.

Diese Fortschritte gehen unermüdlich weiter, ohne dass irgendein Ende abzusehen wäre. Gerd Herold, der Verfasser eines Standardwerks für Innere Medizin, erzählt einem Interviewer im Februar 2018, warum er und sein Team ständig dabei sei, „den Herold" zu überarbeiten: Weil Medizin eben kein abgeschlossenes Fach sei, sondern sich ständig – zum Teil rasend schnell – verändere.

Das macht es uns, den gemeinen Patienten, sehr schwierig, Schritt zu halten. Das müssen wir aber, weil neuerdings der sogenannte mündige Patient in Mode gekommen ist und weil wir angesichts aller dieser neuen Möglichkeiten hellwach sein müssen. Marie-Luise Dierks, Professorin an der Medizinischen Hochschule Hannover, erklärt:

> „Ein mündiger Patient weiß, welche Rechte er hat, was Ärzte und Krankenkassen dürfen und was nicht. Er kann sich im Gesundheitssystem bewegen und kann für sich und seine Interessen eintreten. Das ist Mündigkeit. Sie ist eine bestimmte Haltung: Ich bin für mich selbst verantwortlich." (Interview mit der *Apotheken Umschau* vom 1. Februar 2018)

So schwierig das auch für uns ist, ich finde das eine großartige Entwicklung, die lange überfällig war, habe ich doch ein massives Problem mit Ärzten und Ärztinnen, die davon überzeugt sind, mehr von meinem Körper zu wissen als ich. Natürlich ist es eine große Verantwortung, die wir da übernehmen. Aber es scheint mir nur recht und billig zu sein, die Verantwortung für unsere eigene Gesundheit und infolgedessen unser eigenes Leben selbst zu tragen. Auch passt nach meinem Dafürhalten die Vorstellung allwissender Ärzte nicht mehr in unsere Zeit.

Um sich zu einem solchen mündigen Patienten zu entwickeln, empfiehlt Dierks, einen Zettel mit in die Sprechstunde zu nehmen, auf dem wir uns die Fragen notiert haben, die wir stellen möchten. Eine Freundin von mir macht genau das schon seit Längerem. Anfangs, erzählt sie, habe sie den Zettel während des Gesprächs mit dem Arzt versucht zu verbergen, aber inzwischen hält sie ihn sichtbar in der Hand. Auch das scheint mir ein Schritt hin zur mündigen Patientin zu sein.

Mehr und mehr, so finde ich, müssen wir die Entscheidungen für unseren Körper selbst tragen. Kleine Entscheidungen sind zum Beispiel: Grippeschutzimpfung ja oder nein, Antibiotika ja oder nein. Ich persönlich setze darauf, dass ich die Signale meines Körpers besser wahrnehme und besser interpretiere als sonst irgendjemand. Und ich setze auf meine Selbstheilungskräfte. Vier Monate lang konnte ich wegen Schmerzen in einem Fuß kaum noch laufen. Da der Orthopäde nichts fand, machte ich mich im Internet schlau, fand die Beschreibung genau meiner Schmerzen, begann sofort mit den vorgeschlagenen Übungen und glaubte meiner eigenen Wahrnehmung nicht trauen zu können, als ich schon nach zehn Tagen eine deutliche Verbesserung spürte.

Ein Freund von mir fuhr auf einer Kirmes in Singapur mit einem Skooter so unglücklich gegen die Bande, dass er das sichere Gefühl hatte, sich die Rippen gebrochen zu haben. Er ließ sich sofort in einem Krankenhaus röntgen, man fand jedoch nichts Schlimmes. Am nächsten Tag quälte er sich durch einen 12-stündigen Flug nach Paris und danach durch seinen 14-tägigen Urlaub dort. Als die Schmerzen nach vier Wochen immer noch anhielten, ging er erneut zum Arzt. Dieses Mal fand man mehrere angebrochene Rippen, die inzwischen schief zusammengewachsen waren.

Ein Freundespaar von mir war eigens zu einem Konzert in der brandneuen Elbphilharmonie nach Hamburg gefahren. Einen Tag zuvor in Hamburg angekommen, stürzte die Freundin so unglücklich die Treppen hinunter, dass ihr halber Körper ihr fürchterlich weh tat. Im Krankenhaus ließ sie sich zwar die klaffende Wunde am Unterschenkel nähen, spielte aber mit eiserner Disziplin alle anderen Schmerzen massiv herunter. Sie ist Privatpatientin und weiß aus Erfahrung, dass man sie im Krankenhaus behalten und auf den Kopf gestellt hätte, wenn sie zugegeben hätte, was und wie sehr ihr alles wehtat. Stattdessen hat sie sich anderthalb Tage lang im Hotel ausgeruht und dann das wunderbare Konzert in der wundervollen Halle genossen.

Es werde überhaupt sehr viel Unnötiges gemacht, erzählen mir insbesondere die Freunde, die PrivatpatientInnen sind. Nicht wenige von ihnen raten, dem eigenen Körpergefühl und der langjährigen Erfahrung mehr zu vertrauen. (Ich würde gerne am Rande loswerden, dass ich unser

Zweiklassensystem mit PrivatpatientInnen auf der einen und KassenpatientInnen auf der anderen Seite für uns als Gesellschaft für beschämend halte. Daran wird sich aber sicherlich nichts ändern, solange unsere VolksvertreterInnen im Bundestag Zugang zu den privaten Krankenkassen haben. Wer sägt schon an dem privilegierten eigenen Ast.)

Es werde viel Unnötiges getan. Das hängt möglicherweise mit der Generation der Ärzte zusammen. In meiner Hausarztpraxis habe ich mal mit einem Arzt meiner Generation, mal mit einem ganz jungen Arzt zu tun. Deren Haltung zu mir als Patientin und zu ihren Aufgaben als Arzt ist offensichtlich eine ganz andere. Der ältere ist eine Art fürsorglicher Vater, der weiß, was für mich am besten ist. Und das sind in der Regel detaillierte Untersuchungen irgendwelcher Werte und Tabletten. Bin ich nicht einsichtig, versucht er mich sanft zu drängen. Der jüngere begegnet mir auf Augenhöhe, erklärt mir ausführlich das Für und Wider, gibt seine eigene Meinung nur als Tendenz wieder und lässt mich häufig ohne Tabletten ziehen.

In den Untersuchungen, die dem Arzt in Tabellen vorliegen, geht es natürlich immer um Grenzwerte. Wie viel darf ich wovon haben? Dann frage ich mich immer: Wer legt eigentlich fest, wo dieser jeweilige Grenzwert liegt? Doch nicht vielleicht die Pharmaindustrie, die nur dann etwas daran verdient, wenn möglichst viele Menschen ober- oder unterhalb dieses Wertes liegen? Unsere Mutter war eine ganze Weile Patientin bei Frau Dr. Veronica Carstens, der Frau des einstmaligen

Bundespräsidenten, und selbst in weit fortgeschrittenem Alter. Diese hielt zum Beispiel eine gewisse Menge Bluthochdruck im Alter für völlig normal und fand es unsinnig, ihn mithilfe von Medikamenten auf ein jugendliches Maß herabzudrücken. Ich kenne hingegen mehrere Menschen mittleren Alters, die regelmäßig blutdrucksenkende Mittel einnehmen. Neulich wunderte sich sogar die Apothekerin eines Freundes, dass er überhaupt welche einnehmen sollte. Ich frage erneut: Wer setzt eigentlich die Grenzwerte fest?

Vorsorgeuntersuchungen aller Art sind auch so ein Thema. Wenn meine Krankenkasse mich wieder einmal dazu auffordert, zum Brustkrebs-Screening zu gehen, schreibe ich ihnen in wenig höflichen Worten zurück, sie sollten gefälligst mit der Angstmache-Kampagne aufhören und mich fürderhin in Ruhe lassen. (Das tun sie übrigens nicht, zwei Jahre später werde ich erneut aufgefordert.) Ich will hier nicht ins Detail gehen, aber ich habe mich ausführlich mit dem Thema beschäftigt. Es gibt eine ganze Reihe von Fachleuten, die das flächendeckende Screening aus den folgenden Gründen für äußerst fragwürdig halten: Eine nicht unerhebliche Anzahl von Brustkrebs-Fällen wird nicht beim Screening entdeckt; die, die entdeckt werden, sind eine verschwindend geringe Zahl; die meisten werden stattdessen von den Frauen selbst entdeckt; und vielen Frauen wird unnötig Angst gemacht, weil überhaupt nicht sicher ist, ob das, was da gefunden wurde, jemals zu Krebs geführt hätte.

Auf die Selbstheilungskräfte möchte ich noch einmal zurückkommen. Sie müssen ja nicht so weit gehen wie ich, die ich mehr auf meine eigenen Kräfte vertraue als auf ärztliche Behandlung. Aber ich würde Sie schon dazu ermutigen wollen, mehr in Ihren Körper hineinzuhören und seinen Botschaften zu vertrauen. Niemand – wirklich niemand ist Ihrem Körper so nah wie Sie selbst. Niemandem ist er so vertraut wie Ihnen, immerhin leben Sie nun schon seit Jahrzehnten mit ihm zusammen. Seien Sie deshalb ruhig mutig, entscheiden Sie unter Umständen auch gegen den Rat des Arztes oder der Ärztin – es ist Ihre Gesundheit und Ihr Körper, um den es geht. Denken Sie immer selbst. Lassen Sie sich von Ärzten und Pharmaindustrie nichts aufschwatzen. Auch keine sogenannten Individuellen Gesundheitsleistungen oder kurz IGeL, meines Erachtens erst recht keine IGeL. Meine Krankenkasse, die Barmer, der sich seit Jahrzehnten Millionen von Menschen anvertraut haben, macht immer wieder öffentlich, dass sie alles bezahlen, was sinnvoll sei. Einerseits lässt sich natürlich trefflich darüber streiten, was sinnvoll ist, andererseits ist es äußerst schwierig, sich gegen die mächtige Propaganda der Gegenposition durchzusetzen. Ein neuer Augenarzt machte keinen Hehl aus seinem Unmut über mich, weil ich seine zusätzliche, von mir extra zu bezahlende Leistung unmissverständlich ablehnte. Ich sei wohl der allgemeinen Propaganda gegen die zusätzlichen Leistungen erlegen, kommentierte er. Ich hielt dagegen, dass ich wohl eher der allgemeinen Propaganda für zusätzliche Leistungen nicht erlegen sei. Wenig später stufte der

Medizinische Dienst der gesetzlichen Krankenversicherungen genau die Untersuchung, die ich abgelehnt hatte, als „tendenziell negativ“ ein.

Auch sogenannte Nahrungsergänzungsmittel halte ich für überflüssig. Das Bundesinstitut für Risikobewertung erklärt folgendermaßen, was Nahrungsergänzungsmittel sind:

> „[...] Produkte, die aus Nährstoffen oder sonstigen Stoffen mit ernährungsspezifischer oder physiologischer Wirkung in konzentrierter Form bestehen. Das können Vitamine, Mineralstoffe und Spurenelemente, Aminosäuren, aber auch Ballaststoffe, Pflanzen oder Kräuterextrakte sein.“

Das Institut fährt fort:

> „Nahrungsergänzungsmittel sind für gesunde Personen, die sich normal ernähren, in der Regel überflüssig. Bei ausgewogener Ernährung bekommt der Körper alle Nährstoffe, die er braucht. Auf der anderen Seite kann eine einseitige, unausgewogene Ernährungsweise nicht durch Einnahme von Nahrungsergänzungsmitteln ausgeglichen werden.“

Selbstverständlich tun und lassen Sie in Ihrem Leben und mit Ihrem Körper, was immer Sie für richtig halten. Aber ich würde Sie gern dazu ermutigen, sich erst in Ruhe schlau zu machen, danach eine Weile nachzudenken und erst dann zu entscheiden, wofür Sie Ihr Geld ausgeben wollen. Unser aller Geld ist endlich und es könnte gut sein, dass ein Abend im Kino, im Theater, im Ballett oder bei einem schönen Essen mit FreundInnen Ihrem Wohlbefinden dienlicher ist als irgendeine Pille.

Der schon erwähnte befreundete Tänzer hat mir einmal einen sehr informativen Vortrag über gesunde Ernährung gehalten. Das war Teil seiner Ausbildung und seitdem ist er Vegetarier. Seine Familie macht sich Sorgen um die Gesundheit des jungen Mannes, weil er weder Zucker noch Fleisch isst und für seinen Beruf körperliche Gesundheit und Kraft von großer Bedeutung sind. Bei allem, was er einkauft, liest er auf den Verpackungen minutiös, was das Lebensmittel enthält. Seit seinem Vortrag würde ich jedem Menschen raten, ein Seminar zu gesunder Ernährung zu besuchen. Informationen gibt es über die Krankenkassen.

Operationen stehe ich übrigens genauso skeptisch gegenüber wie Medikamenten und Nahrungsergänzungsmitteln. Immer wieder höre ich, dass wir Deutschen die zahlenmäßigen Weltmeister bei Operationen seien. Gerade erst lese ich in meiner Tageszeitung: „Jeder dritte Klinik-Aufenthalt vermeidbar". Die AOK hat eine detaillierte Untersuchung in Nordrhein-Westfalen vorgelegt. Die Chance – oder die Gefahr? – operiert zu werden ist in manchen Gegenden innerhalb desselben Bundeslandes ungleich höher als in anderen. Das geht bis zu 40 Prozent Unterschied! Offensichtlich ist es nicht so, wie wir PatientInnen wahrscheinlich annehmen würden, dass das Für und Wider einer Operation mehr oder weniger unbestreitbar ist, sondern bei der Entscheidung haben wirtschaftliche Aspekte ein gehöriges Wörtchen mitzureden.

Besonders häufig wird bei uns im Bereich der Orthopädie operiert und hier wiederum besonders, was Rücken und Knie angeht. Natürlich kennen wir alle Fälle von Operationen, nach denen die Menschen sehr glücklich darüber waren, wieder besser laufen zu können. Aber ich glaube, wir alle kennen ebenso viele Fälle, in denen das nicht so gut ausging. Nicht wenige Orthopäden scheinen zudem der Meinung zu sein, sehr viele unserer Beschwerden könnten wir mit gezielten gymnastischen Übungen beheben bzw. erleichtern – womit wir wieder bei unserem inneren Schweinehund wären. Wie auch immer Sie entscheiden, wiederum würde ich Sie bitten wollen, sich solche Entscheidungen zuvor gut zu überlegen und sich nicht unter Druck setzen zu lassen.

Seit ein paar Jahren sind wir auch alle einer deutlichen Propaganda für Organspenden ausgesetzt. Deshalb besitze ich seit etwa fünf Jahren auch einen solchen Organspendeausweis, den ich ständig mit mir herumtrage. Schließlich weiß man nie, wann es einen erwischt. Auf meinem Ausweis habe ich angekreuzt: „Nein, ich widerspreche einer Entnahme von Organen oder Geweben." Ich bin strikte Gegnerin von Organspenden und ich würde Ihnen gerne ausführlich erklären warum. Dies umso mehr, als die Befürworter von Organspenden breiten Raum in der öffentlichen Diskussion bekommen, nicht aber seine Gegner. Es wird von der Politik ja sogar immer wieder diskutiert, das ganze Zustimmungssystem auf den Kopf zu stellen: Im Moment ist es so, dass nur dem Menschen Organe entnommen werden dürfen, der zuvor selbst oder dessen Angehörige vor Ort einer Entnahme zustimmen. Sollte die Gesetzesänderung eine Mehrheit finden, dann würde in Zukunft jedem Menschen Organe entnommen werden dürfen, der dem nicht ausdrücklich widersprochen hat. Diese sogenannte Widerspruchslösung gibt es schon in mehreren europäischen Ländern.

Vorab würde ich gerne noch deutlich auf eine für mich moralisch unerlässliche Grundvoraussetzung hinweisen: Das Ganze kann nur auf Gegenseitigkeit beruhen. Wer gewillt ist, im Ernstfall ein fremdes Organ anzunehmen, der oder die muss auch bereit sein, ein solches zu spenden.

Seit Urzeiten müssen Menschen den Tod eines anderen Menschen bestimmen. Irgendjemand muss verbindlich sagen: Ja, dieser Mensch ist tot, den können oder müssen wir jetzt beerdigen. Um das zu bestimmen, gab es zwei Kriterien: Atem und Puls. Wenn ein Mensch nicht mehr atmete, wenn sein Herz kein Blut mehr durch den Körper schickte, dann war der Mensch tot. Beides ließ (und lässt) sich recht einfach feststellen. Wie wir aus der Medizingeschichte wissen, war das Verfahren unbestritten. Es hatte enorme Vorteile: Es war schnell, einfach, korrekt und so gut wie jeder konnte es anwenden. Geschichten über Menschen, die doch nicht tot waren, die sich im Sarg bemerkbar machten, die gar lebendig begraben wurden, gehören weitestgehend in den Bereich der fiktionalen, also erfundenen Horrorgeschichten.

Diese beiden Kriterien, den Tod zu bestimmen, blieben durch endlose Jahrhunderte gleich – bis im Jahre 1967 Christian Barnard in Südafrika das erste menschliche Herz verpflanzte und damit weltweit einen unglaublichen Forschungswettlauf in Bewegung setzte. Schon zwei Jahre später begann die Diskussion von MedizinerInnen und EthikerInnen über die Neu-Definition des Todes. Denn – und dieser Punkt ist extrem wichtig – einem lebenden Menschen kann man keine Organe entnehmen, aber mit toten Organen kann man nichts anfangen!

Die Forschung war also in einem Dilemma. Dieses löste sie mit einem abendländischen Trick: der Trennung von Körper und Geist. Ich sage „abendländisch“, weil die Trennung von Körper und Geist ein ganz wesentliches Element unserer Denktradition zu sein scheint. Ich verstehe wenig von fernöstlicher Philosophie, aber die PhilosophInnen sagen uns, dass diese Trennung einer der wesentlichen Unterschiede sei. Die radikale Trennung von Innen und Außen verdanken wir dem französischen Philosophen und Naturwissenschaftler René Descartes. Im 17. Jahrhundert postulierte er, dass der Körper ausschließlich ein mechanischer Apparat sei.

Es scheint mir noch wichtig zu sein, darauf hinzuweisen, dass diese Zweiteilung nicht etwa zwei gleichwertige Teile umfasst, sondern dass sie eine Gewichtung beinhaltet: Der Geist ist das eigentlich Menschliche, denn den haben ja nur wir; der Körper hingegen verbindet uns mit dem Tier, ist also minderwertig. Sie werden sich erinnern, dass alles, was mit den Körperausscheidungen und Körperöffnungen zu tun hatte in unserer Jugend „bäh!“ war. Auch die von der christlichen Kirche ausgegebene Behauptung, dass der Mann Geist, die Frau Körper sei, gehört hierher.

Thomas Vogt, Professor für Psychiatrie an der Universität Heidelberg, findet zwar, dass wir uns heutzutage über Descartes' Trennung nicht mehr allzu sehr den Kopf zerbrechen sollten.

Im Zusammenhang mit der geschilderten Problematik von Organentnahmen aber, scheint mir diese Trennung außerordentlich einflussreich zu sein. Descartes war nämlich auch derjenige mit dem berühmten Satz: „Ich denke, also bin ich." In faszinierend konzentrierter Form bedeutet das: Ich bin überhaupt nur Mensch, weil ich fähig bin zu denken. Im Umkehrschluss heißt das: Wenn ich nicht mehr denken kann, dann bin ich auch nicht mehr.

Es lohnt sich einen Moment über diesen Grundgedanken nachzudenken. Denn übertragen wir diese Grundhaltung auf die Problematik der modernen Organtransplantation, dann sind wir am springenden Punkt angekommen. Mit diesem Trick, mit dieser Trennung von Geist und Körper kann ich einen Menschen für tot erklären, obwohl alle seine Organe noch arbeiten, Blut zirkuliert, die Lunge ein- und ausatmet, der Darm ausscheidet – nur der Kopf dazu nicht die Befehle gibt, ja, die Verrichtungen seines Körpers nicht einmal mehr wahrnimmt. Hirntot – ein Begriff, den es vor 1969 nicht gegeben hat!

Ich kenne persönlich zwei Fälle von Organtransplantationen. Eine gute Bekannte erzählte mir zwei Jahre nach der Transplantation einer Leber vier Stunden lang in allen Details davon. Ich glaube, gerade weil wir nur Bekannte waren, war es ihr möglich, mir frank und frei davon zu erzählen. Sie begann ihren Bericht damit zu erzählen, wie sie auf die Warteliste gekommen war.

Das funktioniert nämlich ganz anders, als sowohl sie als auch ich gedacht hätten: Nicht der Mensch, dem es am schlechtesten geht und der das Organ daher am dringendsten brauchen würde, kommt oben auf die Warteliste, sondern derjenige, dessen allgemein guter Gesundheitszustand am meisten erwarten lässt, dass er mit dem neuen Organ noch eine Weile gesund wird leben können.

Dann erzählte sie von einem Jahr des bangen Wartens, bis der entscheidende Anruf kam; wie sie 24 Stunden Zeit hatte, sich zu entscheiden, ob sie das Organ annehmen würde; wie sie sich in diesen 24 Stunden mit den ihr nahestehenden Menschen beriet; welche unvorstellbaren Schmerzen sie das erste halbe Jahr nach der Operation gehabt hatte. Und schließlich sagte sie, sie hätte sich gewünscht, dass auch nur einer der Menschen, mit denen sie sich beriet, ihr gesagt hätte: Du kannst auch ablehnen. Du musst dieses Organ nicht nehmen. Du kannst auch einfach gehen.

Ein halbes Jahr nachdem sie mir ausführlich von der Lebertransplantation erzählt hatte, habe ich sie auf ihrer Geburtstagsfeier wiedergesehen. Glücklicherweise haben ihre Freundinnen die Feier für sie organisiert und ausgerichtet. Sie selbst wäre zu krank gewesen, die Arbeiten zu übernehmen. Ich hätte sie gern gefragt, ob es das alles wert gewesen war. Aber ich habe mich nicht getraut.

Ein guter Freund einer Freundin von mir hat sich vor mehr als fünf Jahren im Alter von 65 Jahren ein neues Herz transplantieren lassen. Übrigens im Ausland, weil er dort mithilfe einer zusätzlichen Geldzahlung schneller an der Reihe war.

Seitdem sitzt er schwerkrank im Rollstuhl und sagt heute explizit: Wenn ich das gewusst hätte, hätte ich es nicht machen lassen. Seine Frau teilt diese Auffassung, ebenfalls ausdrücklich.

Warum tun wir Menschen uns das an? Wissen wir nicht, was auf uns zukommt? Oder wollen wir es nicht wissen? Ist Loslassen so viel schwerer als Festhalten? Hängt es vielleicht damit zusammen, dass der Tod nicht mehr Teil unseres Lebens ist? Als ich ein Kind war, war er es. Ich erinnere mich, wie immer wieder einmal in der Straße, in der wir lebten, eine von zwei Rappen gezogene schwarze Kutsche vor einem der Häuser hielt. Vielleicht weil mir Pferde sehr viel bedeuten, weiß ich noch, dass sie auf dem Kopf einen schwarzen Federbusch trugen, der im Takt wippte. Wir Kinder bildeten dann schweigend einen Halbkreis um Kutsche und Pferde und warteten ehrfürchtig, bis die Männer mit dem Sarg aus dem Haus kamen, ihn in die Kutsche luden und die Pferde davontrabten.

Heute aber sterben die meisten Menschen im Krankenhaus. Ich bin nicht sicher, ob wir unsere lieben Sterbenden dahin abschieben, um selbst dem Tod nicht zu nahe kommen zu müssen, oder ob wir hoffen, die Medizin im Krankenhaus könne den Tod noch einmal abwehren, oder weil wir uns schlicht überfordert fühlen.

Wenn wir für einen Moment gemeinsam versuchen, außer Acht zu lassen, dass wir ein fremdes Organ brauchen, um nicht sterben zu müssen, dann können wir uns vielleicht die Sache noch einmal von einem anderen Blickwinkel aus ansehen. Nur weil die moderne Medizin zu diesen Transplantationen in der Lage ist, heißt das ja noch nicht, dass es eine gute Idee ist. Wissenschaftlicher Fortschritt sollte eigentlich wissenschaftliches Fortschreiten genannt werden. Das Wort „Fortschritt" bedeutet per se, dass die Veränderung positiv ist. „Fortschreiten" hingegen beschreibt in neutraler Form, was geschieht. Die Wissenschaft sollte meines Erachtens sehr viel mehr die moralische Verantwortung für ihr Tun übernehmen und ggf. entsprechend handeln oder auch nicht handeln.

Da ich mein Italienisch auch gerne übe, indem ich Dokumentationen auf YouTube sehe, stoße ich auf alles Mögliche, zum Beispiel auf eine fünfteilige Serie aus den 60er-Jahren über die Entwicklung der Atombombe. Sie war sehr gut gemacht und hochinteressant. In zahlreichen, authentischen Filmaufnahmen sah man sie alle: Einstein, Rutherford, Fermi in den USA, Heisenberg, Bohr, von Weizsäcker in Europa, um nur einige zu nennen. Die zumeist aus Europa vor den Nazis geflohenen Wissenschaftler glaubten, die Nazis stünden kurz vor der Entwicklung einer solchen Bombe und man müsse ihnen zuvorkommen. Als deutlich wurde, dass das eine Fehleinschätzung gewesen war, bemühten sich ein paar wenige der Physiker die Weiterentwicklung zu stoppen, allen voran der Ungar Leo Szilard. Vergeblich. Die wenigen konnten Hiroshima und Nagasaki nicht verhindern.

Ich verstehe, was das vernunftbegabte Wesen dazu treibt, immer weiterzugehen. Ich verstehe die Neugier, den Wissensdurst, den Tatendrang. Aber Wissenschaft muss moralische Verantwortung für ihr Tun übernehmen. Für mich ist es eine grauenhafte Vorstellung, einen hirntoten, aber atmenden Menschen aufzuschneiden und ihm das eine oder andere Organ herauszuschneiden. Hat das nicht was von Frankenstein? Es gibt ja Krankenschwestern und -pfleger, die es ablehnen, in dem Bereich zu arbeiten. Sie werden wissen warum. Es gibt Zeugnisse von ihnen, dass sie eben genau das Gefühl haben, die Menschen lebten noch – hirntot hin, hirntot her. Auch sind Transplantationen nicht natürlich – im Sinne von: der Natur entsprechend. Der Körper des nehmenden Menschen wird den Rest seines Lebens versuchen, das fremde Organ abzustoßen. Den Rest seines Lebens! Weshalb lebenslang sehr starke Medikamente das unterdrücken müssen. Gibt es ein deutlicheres Zeichen dafür, dass wir da etwas machen, das der Natur zuwiderläuft? Nun können Sie zurecht einwenden, dass wir alle möglichen Dinge tun, die der Natur zuwiderlaufen. Und selbstverständlich entscheiden Sie selbst, was sie gewillt sind, Ihrem Körper zuzumuten und was nicht. Aber darüber nachdenken sollten wir schon. Und laut nachdenken auch.

Der Tod

Leben und Tod, vollendete Zweisamkeit!

Manfred Hinrich

Grundsätzlich ist es eine gute Idee, in der Gegenwart zu leben und uns diese weder durch ein beharrliches Festhalten an der Vergangenheit, noch durch ein ständiges Hoffen auf die Zukunft zu verderben. Aber wir alten Menschen kommen nicht darum herum, uns Gedanken über unsere Zukunft zu machen, ob wir wollen oder nicht. Denn unsere Zukunft beinhaltet unser Lebensende, unser Sterben, unseren Tod.

Das macht Angst. Selbst eine 30-jährige Freundin von mir hat das so gesagt. Jedoch scheint mir, dass nicht das Tot-sein uns Angst macht, sondern das Sterben. Wie geht das? Dauert es lange? Tut es weh? Werden wir irgendwie bemerken, wenn es losgeht? Wann werden wir das bemerken? Wie werden wir das bemerken? Erst kürzlich bei einem Kaffee zu dritt geriet eine Freundin, die die 70 bereits überschritten hat, geradezu in Rage, weil sie das am Horizont stehende Ende als persönliche Kränkung empfand – ja, das waren ihre Worte. Auf meine Nachfrage sagte sie explizit, sie wolle noch nicht sterben. Wieder so ein Punkt, den ich nicht recht verstehe. Ich verstehe, wenn ein junger oder mittelalter Mensch große Probleme damit hat, gehen zu müssen. Das ist natürlich schrecklich. Das ist natürlich vor der Zeit. Da sind natürlich noch viele

Dinge offen, die man noch hätte erledigen wollen, machen wollen, erleben wollen. Aber mit über 70? Natürlich kann ich mich beschäftigen, auch sinnvoll beschäftigen. Aber da ist nichts, was ich unbedingt noch tun müsste. Nichts, das ich nicht schon getan hätte. Das wäre übrigens mein Tipp an die nachfolgenden Generationen: Wenn es so weit ist, dann darf da nichts mehr sein, das man noch unbedingt hätte tun müssen, sehen müssen, erledigen müssen, – ja, auch sagen müssen. Deshalb muss man dafür sorgen, die für einen wichtigen Dinge im jungen oder mittelalten Leben zu tun. Was das ist, das ist natürlich ungeheuer subjektiv. Aber wenn dann im Alter nichts mehr ist, was versäumt wurde, dann kann man auch in Ruhe gehen.

Irgendwo habe ich einmal gelesen, dass Bücher von alten, männlichen Schriftstellern immer wieder genau diese Kränkung thematisierten. Der inzwischen verstorbene Günter Grass fällt einem da wahrscheinlich zuerst ein. Dabei glaube ich gar nicht, dass der Tod die Kränkung war, sondern die Tatsache, dass er mit Anfang 30 mit der *Blechtrommel* weltberühmt wurde und danach nie wieder auch nur ein annähernd so großes Buch schreiben konnte. Ich nenne das „das Boris-Becker-Syndrom": mit 17 Wimbledon-Sieger – was soll da noch kommen?! Wie soll man da mit dem nachfolgenden Leben zurechtkommen?

Martin Walser und Philip Roth hingegen scheinen mir Kandidaten für die Kränkung zu sein. Obgleich ich beide als große Schriftsteller schätze, geht mir die Libido der alten Männer in ihren Romanen inzwischen gehörig auf die Nerven.

Immer noch nichts dazugelernt? Immer noch den dicken Max markieren müssen? Immer noch kein anderes Thema in Sicht? Die armen Männer!

Aber außerhalb der Literatur war mir persönlich noch nie jemand begegnet, die oder der den Tod explizit als Kränkung empfand. Ich kann da nur verständnislos den Kopf schütteln. Ich verstehe es wirklich, ehrlich nicht. Wir wissen doch, dass wir sterblich sind. Und wir wissen doch auch, dass wir unser von der Natur vorgegebenes Verfallsdatum überschritten haben. Und wer genau kränkt uns eigentlich? Brauche ich dafür den Glauben an einen Schöpfer? Fühle ich persönlich mich nicht gekränkt, weil ich nicht an einen solchen glaube? Oder braucht man, um gekränkt zu sein, gar kein Gegenüber, das schuld daran sein muss?

So ungläubig wie ich bin, so tröstlich finde ich aber den Gedanken, dass wir Erde sind, aus Erde genommen sind und wieder zu der Erde werden, aus der wir genommen wurden (1. Mose 3). Das ist doch eine sehr schöne Vorstellung. Das ist doch rund, das ist doch ein sich schließender Kreislauf, den ich tröstlich finde.

Wie aber können wir uns von dem Gefühl befreien, dass das Ende eine Kränkung sei? Wie, dass wir vorhatten, ewig zu leben? Auch so etwas, das ich nicht verstehe. Wozu würde ich ewig leben wollen? Zu welchem Zweck, mit welchem Ziel? Ich würde auch nicht noch einmal 20 sein wollen, wie es ein Schlager aus der Jugend meiner Mutter besang. Und das Ganze noch einmal durchmachen? Dass die Jugend einfach nur großartig sei, ist doch ein ebenso unzutreffendes Vorurteil wie dasjenige, dass das Alter nur schrecklich sei. Ich blicke auf 70 volle Jahre zurück. Voll von schönen Erlebnissen und mindestens ebenso voll von weniger schönen Erlebnissen. Das reicht doch nun wirklich. Solange ich hier bin, ja, werde ich mich bemühen, mein Leben, so gut es mir möglich ist, positiv zu gestalten. Aber wenn dann Schluss ist, ist Schluss. Und gut is's!

Ist unser Problem, dass wir nicht loslassen können, wie schon mehrfach angesprochen? Das Loslassen bzw. Nicht-loslassen-können ist eines der Themen, die mich sehr beschäftigen, seit es mir drei Tage vor dem Tod meines Vaters bildlich vor Augen geführt wurde. Er war 87 Jahre alt und sagte mir seit eineinhalb Jahren jedes Mal, wenn ich ihn besuchte, dass das nicht mehr sein Leben sei und er gehen wolle; er habe ein volles Leben gehabt und nun sei es genug. Er war nicht krank, nur alt. Das heißt, er konnte den Dingen, die ihn immer interessiert hatten, nicht mehr nachgehen: nicht mehr lesen, nicht mehr malen, nicht mehr Klavierspielen, nicht mehr auf die Jagd gehen, vor allem nicht mehr mit den Freunden Doppelkopf spielen und sich im schnellen Wortwechsel gegenseitig auf die Schippe nehmen.

Als er zu essen und zu trinken verweigerte, ließ seine Lebensgefährtin den Hausarzt kommen, der aber auch nichts bewirken konnte. Im Nachhinein bin ich der festen Überzeugung, dass für meinen Vater der Zeitpunkt gekommen war und er beschlossen hatte zu gehen. Und so selbstbestimmt wie er sein ganzes Leben gelebt hatte, so bestimmte er auch den Zeitpunkt seines Todes.

Nur, dass seine 20 Jahre jüngere Lebensgefährtin das nicht akzeptieren konnte. Sie hat ihn ganz zweifellos sehr geliebt, aber wie ich bereits sagte, halte ich Liebe für eine egoistische Regung. Sie ließ ihn also in ein Krankenhaus bringen. Es überraschte sie völlig, als ich sie dort fragte, warum sie ihn denn nicht seinem Wunsch entsprechend einfach in Ruhe zu Hause hatte sterben lassen.

Da sie nicht mit ihm verheiratet war und meine weit entfernten Geschwister sich auf mich verließen, war ich diejenige, die zu bestimmen hatte. Da seine Lebensgefährtin ihm ohne jeden Zweifel sehr viel näher stand als wir, fand ich das nicht wirklich in Ordnung. Aber in diesem Fall war es ein Glücksfall, weil ich dafür sorgen konnte, dass man meinen Vater in Ruhe gehen ließ. So ganz einfach war das allerdings nicht. Als ich in einem ersten Gespräch mit der Ärztin deutlich machte, was er gewollt – oder besser: nicht gewollt hätte, sagte sie barsch zu mir: „Sie können nicht von uns erwarten, dass wir Ihren Vater einfach so sterben lassen.“ Aber genau das hätte mein Vater von ihnen erwartet und infolgedessen ich.

Noch am ersten Tag ließ ich mir von einem befreundeten Anwalt meine Rechte erklären. Er wies darauf hin, dass ich ohne Patientenverfügung schlechte Karten hätte. Aber er machte mich auch darauf aufmerksam, dass jedweder Eingriff meiner Zustimmung bedürfte und ich schon einmal darüber nachdenken könnte, was ich zulassen oder nicht zulassen würde.

Als mein Vater am dritten Tag immer noch zu essen und zu trinken verweigerte, nahm mich eine junge Ärztin beiseite und erklärte mir, dass der

Beginn einer künstlichen Ernährung einen operativen Eingriff erforderte, für den sie meine Zustimmung brauchen würden. Ich möge mir schon einmal überlegen, wie ich damit umginge. Aber ich brauchte nicht zu überlegen: Ich würde dem im Interesse meines Vaters nicht zustimmen. Da guckte sich die junge Ärztin im Flur um, um sich zu vergewissern, dass uns niemand hören konnte, und dann sagte sie leise: „Wenn es mein Vater wäre, würde ich es auch nicht genehmigen." Ich fand das großartig. Ich war nicht im Zweifel, aber wenn ich im Zweifel gewesen wäre, dann hätte mir diese klare Aussage sehr geholfen.

Mein Vater lag insgesamt fünf Tage im Krankenhaus. Er war ganz offensichtlich dabei zu sterben. Er war nicht mehr ansprechbar, er verweigerte zu essen und zu trinken, er war an keinerlei medizinische Apparatur angeschlossen, er war ganz ruhig, ganz bei sich. Ich saß täglich eine Weile an seinem Bett, sprach mit ihm, hielt seine Hand. Ob er das bemerkt hat, weiß ich nicht. Er reagierte weder annehmend noch ablehnend darauf. Am vielleicht dritten Tag öffnete ich die Tür zu seinem Zimmer gerade in dem Augenblick, in dem seine Lebensgefährtin ihn mit beiden Händen an den Schultern gepackt hatte, ihn schüttelte und ihn hörbar verzweifelt bei seinem Namen rief. Im wahrsten Sinne des Wortes bemühte sie sich, ihn ins Leben zurückzuholen. Vergeblich. Am fünften Tag versuchten sie gegen 7:00 Uhr erfolglos ihm etwas zu essen einzuflößen und als sie es gegen 11:00 Uhr noch einmal versuchen wollten, war er tot. Seine beiden deutlich jüngeren Bettnachbarn hatten nichts bemerkt. Was für ein schöner Tod.

Ich stelle mir mein Ende einmal so vor: Eines Tages wird es an meiner Etagentür klingeln und da wird der Mann mit dem schwarzen Umhang und der schwarzen Kapuze davorstehen. Während es für mich keinen Zweifel bezüglich Umhang und Kapuze gibt, bin ich nicht ganz sicher, ob er auch eine Sense in der Hand halten wird. (Ich bin zwar keine Anhängerin von Horrorfilmen, jedoch bildungsbürgerlich erzogen; weshalb mir die traditionellen Abbildungen des Todes mit Sense geläufig sind.) Aber ganz sicher ist: Bevor er noch etwas wird sagen können, werde ich zu ihm sagen: Gehen wir gleich oder trinken wir noch einen Kaffee?

Ich erwarte von mir, dass ich, wenn es so weit sein wird, in Würde gehen werde. Natürlich ist die Menschenwürde ein schwer zu fassender Begriff, aber für mich beinhaltet er, loslassen zu können; zu erkennen, wann das natürliche Ende meines Lebens gekommen sein wird. Ich bin auch strikte Vertreterin eines Freitodes. Das Recht, selbst über den Zeitpunkt des Todes zu entscheiden, gehört für mich zur Menschenwürde dazu. Da ich an keinen Gott glaube, habe ich mit der Idee, dass nur ein Gott das entscheiden könne, kein Problem. Aber selbst wenn es einen Gott gäbe, ist mir nicht direkt einleuchtend, warum ich das nicht trotzdem für mich entscheiden könnte. Ist die Vorstellung eines Gottes unbedingt mit seiner alleinigen Herrschaft über Leben und Tod verbunden? Ist göttliche Allmacht nur so vorstellbar? Was ist mit der Mündigkeit des Menschen? Mit dem Verstand, der uns vom Tier unterscheidet? Und den Gott uns ja wohl gegeben haben muss. Von Tieren kennen wir keine Selbsttötung. Da wir nun aber das einzige vernunftbegabte Wesen auf dieser Welt sind, sollen wir diese Vernunft an unserem Lebensende nicht benutzen dürfen? Im Gegenteil, verpflichtet sie uns nicht geradezu?

Jedoch, selbst wenn wir aus religiösen Gründen die Macht über Leben und Tod allein einem Gott zuschreiben, wie lässt sich diese Überzeugung damit verbinden, dass wir mithilfe der modernen Medizin ununterbrochen in Gottes Handwerk pfuschen? Ich darf das Ende meines eigenen Lebens nicht selbst bestimmen, aber Ärzte dürfen dieses Ende mit allen erdenklichen Tricks hinauszögern? Das finde ich nicht schlüssig.

Ein paar Jahre vor seinem Tod erzählte mir mein Vater unter vier Augen, dass er vorhabe, sich zu erschießen, wenn sein Leben sich so verändert haben werde, dass es nicht mehr das seine sein würde. Er erzähle mir das nur, damit ich Bescheid wisse und mir keine Vorwürfe machen würde. Ich bedankte mich für sein Vertrauen. Probleme hatte ich nicht damit. Da er Jäger und im Zweiten Weltkrieg Soldat an der Ostfront gewesen war, war ihm der Umgang mit Waffen geläufig, und ich zweifelte daher nicht daran, dass er diesen Entschluss irgendwann in die Tat würde umsetzen können. Aber ich hatte mich geirrt. Weder er noch ich hatten das bis zum Ende durchdacht. Denn als sein Leben – für mich als Außenstehende klar erkennbar – nicht mehr das seine war, hatte er weder die psychische noch die physische Kraft, den Entschluss umzusetzen.

Das hat mich seitdem sehr beschäftigt, weil auch ich mir vorstellen kann, mein Leben selbst zu beenden. Offensichtlich aber ist das Problem dabei, dass man es tun muss, wenn es einem noch relativ gutgeht, weil man nicht mehr die Kraft haben wird, wenn es einem schlecht geht. Wie aber bringt man sich kalten Blutes um? Gunter Sachs hat es uns vorgemacht, wofür er meine ganze Bewunderung hat. Im Alter von 78 Jahren glaubte er, bei sich die Symptome von Alzheimer zu entdecken, und erschoss sich in seinem Haus. In seinem Abschiedsbrief schrieb er: „Der Verlust der geistigen Kontrolle über mein Leben wäre ein würdeloser Zustand, dem ich mich entschlossen habe, entschieden entgegenzutreten.“ Auch er war übrigens Jäger.

Ich war Anfang 60, als ich Schmerzen in der Brust spürte. Ich weiß natürlich, dass Krebs zunächst keine Schmerzen verursacht, aber ich hatte auch noch nie von anderen Gründen für Brustschmerzen gehört. Es dauerte drei Wochen bis ich über meinen Hausarzt und eine Gynäkologin bei meinem Orthopäden landete, der mir buchstäblich dreimal auf die Rückenwirbel in Brusthöhe drückte und die Schmerzen waren und blieben weg. Hinterher habe ich viel darüber lachen können, aber während dieser drei Wochen hatte ich die Gelegenheit, meine theoretischen Gedanken zu meinem Lebensende in der Praxis zu überprüfen. Theoretisch war mir nämlich klar, dass ich mich nicht würde behandeln lassen, um nach ein paar Jahren Quälerei dann doch zu sterben.

Zunächst war für mich selbst überraschend, dass ich die ganze Angelegenheit in den drei Wochen mit niemandem besprechen wollte. Das ist ganz gegen meine übliche Vorgehensweise. Ich bin eine rede-

und diskutierfreudige Person, die alles gern mit den Menschen, die mir nahestehen und denen ich vertraue, bespricht. Nicht aber die Entscheidung, ob ich mich im Falle eines diagnostizierten Krebses würde behandeln lassen oder nicht. Ich sprach stattdessen ausschließlich mit der Zwillingsschwester in meinem Kopf. In der Auseinandersetzung mit ihr wägte ich Für und Wider ab. Nein, ich war nicht sehr versucht, mich behandeln zu lassen. Ich war Anfang 60, die Kämpfe waren ausgefochten, und ich blickte auf ein volles Leben zurück – im positiven wie im negativen Sinn. Meine theoretischen Überlegungen passten immer noch. Krankenhäuser sind mir ein Gräuel, wahrscheinlich weil ich noch nie in meinem Leben über Nacht dort bleiben musste. Ich stelle es mir entsetzlich vor, so abhängig von anderen Menschen zu sein. Ja, ich weiß, ich habe gut reden, und wenn ich in früheren Jahren hätte operiert werden müssen, hätte ich es natürlich irgendwie durchgestanden. Aber das muss ich mir in meinem Alter glücklicherweise nun nicht mehr antun.

Noch ist der Kelch an mir vorbeigegangen. Aber wie wird es weitergehen? Ich bin weder ausgebildete Soldatin noch Jägerin. Ich besitze auch keine Waffe. Zwar hätte ich wahrscheinlich die notwendigen Kontakte, um mir eine zu besorgen, aber ich sehe mich beim besten Willen nicht, den Mut dazu aufbringen, die Waffe auf mich zu richten. Deshalb werde ich im Ernstfall Sterbehilfe brauchen, wie sie in der Schweiz und in den Niederlanden unter starken Regulierungen möglich ist. In den Niederlanden ist gerade eine Frau, die in dem Gremium sitzt, das für die

Kontrolle der Sterbehilfe zuständig ist, aus Protest zurückgetreten. In den fünf Jahren, in denen Sterbehilfe dort möglich ist, hat sich die Zahl der jährlichen Tötungen vervierfacht. Genau das hatten KritikerInnen zuvor befürchtet. Würden wir jedoch das mögliche Zuwiderhandeln gegen ein Gesetz zum Maßstab machen wollen, hätten wir nicht ein einziges Gesetz. Diese Tatsache hindert uns ja auch nicht daran, für andere Zweifelsfälle Gesetze zu schaffen.

Ich habe zwei Freunden von mir das Versprechen abgenommen, mich dermaleinst in die Schweiz zu begleiten. Meiner Familie, die mir natürlich nähersteht, glaube ich, das nicht zumuten zu können. Ich habe schon mehrere Filme gesehen und Radiosendungen zum Thema gehört. Am überzeugendsten sind für mich diejenigen, in denen die oder der Betreffende im Kreise der Liebsten einen Giftbecher leert. Gut, fiktional lässt sich das alles sehr schön darstellen, das gebe ich zu. Ich sehe auch, dass gerade wir Deutschen mit unserer Euthanasie-Vergangenheit uns schwerer damit tun als andere Nationen. Aber in meinem Freundes- und Bekanntenkreis befürworten eigentlich alle die gesetzliche Möglichkeit, dem eigenen Leben ein legales Ende zu setzen und dabei unter Umständen die Hilfe anderer in Anspruch zu nehmen.

Im Zusammenhang mit Sterbehilfe können wir immer wieder etwas von verhungern oder verdursten lassen lesen, was als unmenschlich angeprangert wird. Ich habe einmal einem jungen Mann dabei beigestanden, seiner im Koma liegenden Mutter zu einem friedlichen Tod zu verhelfen. Sie hatte versucht, sich umzubringen.

Aus ihrem Abschiedsbrief ging unmissverständlich hervor, dass sie genau den Zustand, in dem sie sich jetzt befand, nicht wollte. Ihr ältester Sohn war auch entschlossen, ihren Wunsch umzusetzen, konnte sich aber gegen die Ärzte im Krankenhaus und später im Pflegeheim nicht durchsetzen. Mit Hilfe eines Anwaltes erreichten wir das Abstellen der Geräte, die einzig ihr Leben erhielten. Vierzehn Tage später war sie tot. Die PflegerInnen, die übrigens entscheiden durften, ob sie sie in diesen letzten zwei Wochen begleiten wollten oder nicht, sagten später übereinstimmend, sie sei in den fünf Jahren an den Geräten nie so ruhig gewesen wie in den letzten zwei Wochen ohne Geräte.

Vor allem habe ich dabei gelernt, wie eigentlich Sterben funktioniert. Ich muss mich vorab für das Bild entschuldigen, das ich benutzen möchte, aber genau so habe ich es erlebt. Wenn einem Motor das Benzin ausgeht – also der *Treib*stoff, den der ganze Apparat benötigt, um daraus seine Energie zu gewinnen –, dann läuft er noch eine Weile weiter, wird zunehmend langsamer und bleibt schließlich einfach stehen. Genau so habe ich das bei der Frau erlebt. Ebenso wie mein Vater ging sie in aller Ruhe von uns.

Es ist ja auch vollkommen einleuchtend: Zum Leben brauchen wir Menschen unseren Treibstoff, also zu essen und zu trinken. Wenn wir entscheiden, unser Leben zu seinem natürlichen Ende kommen zu lassen, geben wir unserem Körper keinen Treibstoff mehr. Wenn wir zu diesem Zeitpunkt alt sind, dann scheint der Körper nicht dagegen zu rebellieren. Er scheint vielmehr zu begreifen, dass er jetzt in Ruhe alle Funktionen einstellen kann und der Moment seines wohlverdienten Friedens gekommen ist.

Aber wo wird dieser letzte Augenblick für uns kommen? Auch das ist ein Punkt, über den wir Alten dieser Tage nachdenken sollten, ja müssen. Die meisten Menschen scheinen in den eigenen vier Wänden bleiben zu wollen, solange es irgend geht. Und es geht ziemlich lange. Zuvor sind dafür wahrscheinlich einige Umbauten erforderlich, zum Beispiel eine niedrigere Duschwanne, ein höheres Bett oder ein Treppenlift. Für solche Maßnahmen gibt es staatliche Fördermittel oder auch zinsgünstige Darlehen. Beides übrigens nicht nur für die eigene Wohnung, sondern auch für Mietwohnungen. In Letzteren muss man die Umbauten natürlich mit den Wohnungseigentümern absprechen. Die Fachleute raten, sich rechtzeitig und umfassend zu informieren.

Eine Freundin von mir ist gerade 80 Jahre alt geworden und immer noch in einer zufriedenstellenden Beziehung mit ihrem ersten Mann. (Natürlich, sagt sie, seien die gemeinsamen Jahrzehnte nicht immer nur schön und nicht immer nur einfach gewesen.) Sie hält es für ganz wichtig, sich Gedanken darüber zu machen, wie es weitergehen soll, wenn der oder die andere stirbt. Wie viele andere, mit denen ich sprach, hält sie verdrängen nicht für zielführend. Sie lebt mit ihrem Mann in einem sehr schönen eigenen Haus. Sie denken übereinstimmend, dass sie darin werden bleiben können, solange sie zu zweit sind und einander helfen können. Aber in dem Moment, in dem einer von ihnen allein übrigbleiben wird, wird das Haus zu groß sein. Deshalb haben sie sich bereits mehrere Einrichtungen angesehen, in denen alte Menschen betreut werden. Meine Freundin findet, man müsse sich eine solche Einrichtung unbedingt aussuchen, bevor es so weit sei.

Eine andere Freundin von mir lebte ebenfalls mit ihrer Partnerin seit Jahrzehnten in einem ebenfalls sehr schönen eigenen Haus. Als sie in ihren 70er-Jahren waren, beschlossen sie, das Haus zu verkaufen und in eine Wohnung zu ziehen, in der sie sich auch irgendwann einmal würden betreuen lassen können. Zudem ist eine Pflegestation an die Wohnanlage angeschlossen. Als alles unter Dach und Fach war, machten sie ihren Entschluss im Freundes- und Bekanntenkreis öffentlich. Die Reaktionen waren zweigeteilt: Ein Teil (vor allem die Männer) konnten überhaupt nicht nachempfinden, wie man ein so schönes Haus freiwillig aufgeben konnte. Ein anderer Teil (vor allem die Frauen) hielten das für den völlig richtigen Entschluss und bedauerten, nicht ebenfalls die Kraft zu einem so weitreichenden Entschluss zu finden. Meine Freundin begriff nicht, warum andere Menschen, die ihren Entschluss für richtig befanden, diesen nicht ebenfalls in ihrem Leben umsetzten. Entschlussfreude ist auch so eine hilfreiche Eigenschaft, die nicht jeder Mensch besitzt.

Wiederum eine andere Freundin hat ungefähr 15 Jahre lang eine alternative Wohnform gesucht und jetzt endlich auch gefunden. In dieser Zeit ist mir aufgefallen, dass wohl immer mehr Menschen solche Alternativen suchen. Das könnte damit zusammenhängen, dass kaum noch jemand davon ausgeht, im Alter in der angestammten Familie zu bleiben. Diese Freundin von mir war immer wieder einmal an der Verwirklichung ihrer Vorstellungen nahe dran, aber wenn es dann konkret wurde, hat sich die jeweilige Gruppe nicht einigen können. Das ist nicht wirklich verwunderlich, denn es gibt sehr viele zu klärende Punkte und bei allen kann man unterschiedlicher Meinung sein. Wie groß soll das ganze Objekt sein? Wie groß die einzelnen Wohnungen? Wo soll es liegen? Wie wird das Projekt finanziert? Wer darf, wer soll da mit einziehen? Wie soll das Leben miteinander aussehen? Wie viel Nähe, wie viel Distanz soll es beinhalten? Wie gewinnt man auch junge Menschen, da mitzumachen? Und und und.

Ich kenne ein paar Menschen, die es schon mit einem solchen gemeinsamen Wohnprojekt versucht haben. Ich kenne welche, die für sich herausgefunden haben, dass es nicht ihre Wohnform ist und das Projekt wieder verlassen haben. Andere hingegen halten es trotz aller auftretenden Schwierigkeiten für eine gute Alternative zum ganz Alleinleben. Hier hat man seine eigene Wohnung und kann doch jeder Zeit den Kontakt zu anderen Menschen haben, wenn man das gerade möchte.

Dadurch, dass meine Mutter drei Jahre lang in einer betreuten Wohnung und daran anschließend die letzten zwei Jahre ihres Lebens auf einer Pflegestation verbracht hat, weiß ich ziemlich genau, was da auf einen zukommt. Lange Zeit habe ich gedacht, dass ich auf gar keinen Fall auf einer solchen Pflegestation enden möchte. Stattdessen hatte ich geplant, bis zum Schluss in meiner

Wohnung zu bleiben. Es hat eine Weile gebraucht, bis ich begriffen habe, dass der Ort nicht das Entscheidende ist.

Im selben Maße, in dem meine Kräfte nachlassen werden, hatte ich geplant, mir Hilfe zu holen. Einen Freund, der mir hier und da zu Hilfe kommt, habe ich schon. Er hat bereits begonnen, Wasser- und Bierkästen für mich zu schleppen und die Vorhänge nach dem Waschen wieder aufzuhängen. Irgendwann werde ich mir eine Putzfrau suchen, dann die Lebensmittel liefern lassen, dann Essen auf Rädern. Nicht mehr eingeplant hatte ich jemanden, die mir beim täglichen Waschen helfen würde. Und zwar nicht einmal nur, weil das ein Eingriff in den Intimbereich bedeutet, der eine ganz andere Qualität hat, als sich beim Putzen und Kochen helfen zu lassen; sondern weil der Mensch, wenn er nicht mehr in der Lage ist, sich selbst zu waschen, auch sonst nicht mehr so sehr viel im Leben selbst machen kann. Ich hatte ja die Gelegenheit, diese Entwicklung sowohl bei meiner Mutter als auch bei meinem Vater beobachten zu können.

Jahrelang habe ich mir Vorwürfe gemacht, meine Mutter in den letzten fünf Jahren ihres Lebens nicht zu mir nach Hause geholt zu haben. Ich habe damals sehr mit mir gerungen. Wenn ich gewusst hätte, dass es sich nur noch um fünf Jahre handeln würde, hätte ich es getan. Aber heutzutage wissen wir das nicht mehr. Es kann sein, dass wir von 10, 20, sogar 30 Jahren sprechen! Ich war Ende 50, als ich diese Entscheidung zu treffen hatte. Es hätte unter Umständen den Rest meines Lebens auf den Kopf gestellt. Ich bitte Sie diese Tatsache zu bedenken, falls Sie mit dem Gedanken spielen sollten, bei Ihren Kindern einzuziehen. Übrigens hatte meine Mutter die letzten 20 Jahre ihres Lebens ihre Mutter mit in der eigenen Wohnung, was ihre Ehe nicht unerheblich belastete. Aufgrund ihrer eigenen Erfahrung war sie selbst gegen das Zusammenleben von Mutter und Tochter.

Davon abgesehen jedoch wird mir erst jetzt, da ich mich selbst mit der Art und Weise meines Endes befasse, etwas bis dahin Übersehenes klar: Der Ort des Geschehens hätte gar nicht wirklich etwas geändert. Oder zumindest nichts Gravierendes. Auch in meiner Wohnung hätte ihr jemand bei der Intimwäsche helfen müssen; ihr das Gebiss hinein- und heraussetzen müssen; hätte versuchen müssen, ihr Flüssigkeit einzuflößen; hätte sie mit dem zu Brei verarbeiteten Essen füttern müssen; hätte sich um ihre Ausscheidungen kümmern müssen. Da sie bis zum Schluss bei klarem Verstand war, hat sie all das maßlos gestört. Es hätte sie in meiner Wohnung ganz genauso gestört. Und aus genau diesem Grund kommt es auch für mich für mein Lebensende nicht in Frage. Es würde mich genauso stören und ich wüsste nicht, warum ich mir das antun sollte.

Warum erzähle ich Ihnen das Lebensende meiner Eltern so ausführlich? Weil wir die weitverbreitete Scheu, über den Tod zu sprechen, verlieren müssen. Wie bei allen anderen Entscheidungen im Leben, ist es hilfreich, sich zuvor mit der Problematik auseinandergesetzt zu haben. Vielleicht also hilft Ihnen meine Schilderung, sich selbst mit diesem

Thema auseinander zu setzen und entsprechende Vorkehrungen zu treffen.

Kürzlich las ich, dass Frauen die Überlastung durch Pflege fürchten. Zu Recht. Denn es sind natürlich die Ehefrauen, die Töchter, die Schwiegertöchter, vielleicht noch die Enkelinnen und Nichten, an denen die häusliche Pflege weit mehrheitlich hängenbleibt. Deswegen finde ich den Ruf der Politik nach häuslicher Pflege empörend scheinheilig. Unsere männlichen Parlamentarier werden nicht diejenigen sein, deren Leben sich durch die Pflege eines Angehörigen massiv verändern wird. Unsere weiblichen Parlamentarier ihrerseits verdienen genügend Geld, um andere Frauen dafür zu bezahlen – Frauen aus Polen zum Beispiel, die dafür ihre Kinder monatelang zu Hause alleinlassen müssen. Auch das finde ich inakzeptabel.

Aber was dann? Welche Konsequenzen ziehe ich aus all dem? Ich gebe zu, dass das eine extrem schwierige Frage ist. Ich weiß, dass ich weniger die Demenz fürchte (wie Gunter Sachs) als die körperliche Unfähigkeit, mein tägliches Leben noch selbst zu gestalten. Spätestens, wenn ich jemanden brauche, die mir den Hinteren abwischt, will ich nicht mehr.

Gerade weil mir das so wichtig ist, muss ich diejenigen meiner Verwandten, die sich damit werden auseinandersetzen müssen, ordentlich vorbereiten. Das ist eindeutig meine Aufgabe, nicht die ihre. Ich darf sie nicht im Unklaren darüber lassen, was genau ich will oder nicht will; noch darf ich sie ohne die gesetzlich vorgeschriebenen

Dokumente im Regen stehen lassen. Ich höre zwar überall von einer großen Scheu, diese Dinge anzusprechen, aber diese Feigheit ist durch nichts zu rechtfertigen.

Patientenverfügung und Vorsorgevollmacht bzw. Betreuungsverfügung gehören zu jeder einzelnen erwachsenen Person. Da wir in keinem Alter wissen, ob uns nicht jemand morgen am Tag beim Brötchenholen überfahren wird, können wir die Erstellung dieser Dokumente nicht früh genug in Angriff nehmen.

Nach meinem Dafürhalten braucht jeder Mensch zwei dieser Dokumente. Die Patientenverfügung regelt ausschließlich Dinge im Zusammenhang mit dem rein körperlichen Befinden. Deshalb ist sie außerordentlich wichtig, aber nicht ausreichend. Denn sollten Sie selbst nicht mehr in der Lage sein, sich um Ihre Angelegenheiten zu kümmern – und nur in diesem Moment kommen die Dokumente überhaupt zum Tragen –, braucht ein Mensch Ihres Vertrauens ein Papier, das belegt, dass er sich um Ihre anderen Belange kümmern darf. Da sind zum Beispiel die Bankgeschäfte, Mietzahlungen, Versicherungen, Aufenthaltsbestimmung. Es ist nämlich nicht so, dass Ihre Familienangehörigen automatisch das Recht hätten, Sie in irgendeiner Weise zu vertreten. Auch nicht Ihr Ehepartner oder Ihre Kinder! Auch wenn diese ihre Verwandtschaftsbeziehung nachweisen können, wird ihnen kein ordentliches Institut Zugang zu, geschweige denn Verfügung über die Daten ihres Verwandten gestatten. Das ist ja auch richtig so, denn woher soll so ein Institut wissen, ob Ihnen das recht wäre.

Deshalb brauchen ein oder mehrere Menschen Ihres Vertrauens eine Vorsorgevollmacht oder eine Betreuungsverfügung. Dieser Mensch oder diese Menschen müssen übrigens nicht mit Ihnen verwandt sein. Ich komme sofort auf den Unterschied der beiden Dokumente zurück, möchte aber hier noch einmal betonen, wie wichtig der Aspekt des vollkommenen Vertrauens ist: Der von Ihnen mit so einer Vollmacht ausgestattete Mensch hat sehr weitgehende Befugnisse. Die lassen sich missbrauchen. Da kann theoretisch jemand Dinge veranlassen, die Sie so nicht gewollt hätten. Da kann sich jemand an dem, was Ihnen gehört, bereichern. Ich will Ihnen keine Angst machen, aber das will gut überlegt sein. Und es will auch mit dem betreffenden Menschen besprochen sein. Nicht jeder Mensch wird sich über die Arbeit, die da eventuell auf ihn zukommt, freuen. Oder sich dem gewachsen fühlen. Das Ganze ist schon auch eine Bürde mit großer Verantwortung.

Um den Unterschied zwischen einer Vorsorgevollmacht und einer Betreuungsverfügung herauszufinden, habe ich eine Weile gebraucht. Ich habe es so verstanden, dass es sinnvoll wäre, früh genug und bei klarem Verstand eine Vorsorgevollmacht auszustellen. Dann ist für den Ernstfall alles geregelt. Tritt hingegen der Fall ein, dass jemand ohne eine solche Vollmacht nicht mehr in der Lage ist, sich selbst um seine Belange zu kümmern oder auch nur nach seinen Wünschen befragt zu werden, dann bestellt das Betreuungsgericht einen sogenannten Betreuer und überwacht dessen Tätigkeiten. Zwar können Sie zuvor jemanden als solchen vorschlagen, das Gericht muss sich aber nicht daran halten und kann ggf. einen gänzlich fremden Menschen dafür bestimmen. All das können Sie umgehen, wenn Sie jemandem zuvor eine Vorsorgevollmacht erteilt haben.

Im Radio hörte ich zufällig, wie eine Frau in ihren 50ern erzählte, dass sie nach einem Verkehrsunfall und vier Wochen auf der Intensivstation wieder zu sich kam und ein ihr gänzlich fremder, vom Gericht durch eine Betreuungsverfügung bestellter Betreuer in ihrer Wohnung und ihren Angelegenheiten ein- und ausging. Sie war schockiert. Der Mann hatte nichts Unrechtes getan, aber die Tatsache, dass es ein Fremder war, bestürzte sie. Es gab natürlich ihr nahestehende Menschen, die diese Aufgaben übernommen hätten, wenn sie denn durch eine Vorsorgevollmacht dazu berechtigt gewesen wären.

Sowohl in der Vorsorgevollmacht als auch in der Betreuungsverfügung können Sie alles regeln, was Sie möchten. Oder auch, was Sie nicht möchten. Zum Beispiel in welchem Ort Sie ggf. wohnen oder in welches Pflegeheim Sie gebracht werden möchten; oder was aus Ihrem Hund werden soll; oder was mit Ihrer Wohnung werden soll, falls Sie für einen längeren Zeitpunkt im Krankenhaus sein sollten; oder wer darüber informiert werden sollte. Überlegen Sie in Ruhe, was für den Fall, dass Sie vorübergehend nicht in der Lage sein werden, sich zu äußern, zu entscheiden sein wird und wie Sie selbst diese Entscheidungen treffen würden.

Die Patientenverfügung hingegen regelt ausschließlich medizinische Belange. Eine Gesetzesänderung aus dem Jahre 2009 stellt das Selbstbestimmungsrecht eines Menschen, der vorübergehend oder anhaltend entscheidungsunfähig ist, sicher. Das halte ich für einen enormen Fortschritt. Vor dieser Gesetzesänderung mussten die Angehörigen der oder des Kranken nicht selten mit den behandelnden Ärzten ringen. Zwar sind Ärzte immer noch dem Leben verpflichtet, müssen also alles Erdenkliche tun, um einem Patienten das Leben zu erhalten, jedoch geht jetzt das Selbstbestimmungsrecht des kranken Menschen vor. Was auch immer der gewollt hätte oder nicht gewollt hätte, sind die Ärzte verpflichtet, auszuführen. Auch die Bevollmächtigten sind dazu verpflichtet.

Was aber natürlich bedeutet, dass dieser Wille zu belegen ist. Schriftlich und so eindeutig wie möglich. Schwammige, allgemeine Formulierungen genügen nicht. Deshalb raten die Fachleute, sich zuvor gut zu informieren, zum Beispiel im Gespräch mit dem Hausarzt. Es ist auch ratsam, denjenigen, denen man die Vollmacht erteilt, in einem Gespräch deutlich zu machen, was die eigene Grundhaltung zu lebensverlängernden Maßnahmen, zu Schmerzen, zum Sterben ist; wie wir zu künstlicher Ernährung, künstlicher Beatmung, Dialyse, medikamentösen oder apparativen Lebensverlängerungen bzw. Sterbehilfe stehen. Das wird denen im Ernstfall helfen, für Sie die richtigen Entscheidungen zu treffen.

Wie Sie wahrscheinlich wissen, ist aktive Sterbehilfe in Deutschland verboten. Das heißt, niemand darf einen Menschen gezielt töten. Auch dann nicht, wenn dieser das wollte. Indirekte Sterbehilfe ist hingegen erlaubt, was bedeutet, dass schmerzlindernde Medikamente, die sich lebensverkürzend auswirken könnten, dennoch gegeben werden dürfen. Auch passive Sterbehilfe ist möglich, das heißt, Behandlungen dürfen auch dann abgebrochen werden, wenn sie möglicherweise schneller zum Tod führen könnten. Der Unterschied zwischen indirekter und passiver Sterbehilfe ist, dass man im ersten Fall etwas unternimmt, im zweiten Fall etwas unterlässt, was jedoch beides nach menschlichem Ermessen eher zum Tod führen wird. In Ihrer Patientenverfügung sollten Sie festhalten, ob Sie das eine und/oder das andere im Ernstfall möchten.

Es wird auch noch geraten, die Patientenverfügung von Zeit zu Zeit zu überprüfen. Es kann ja sein, dass die Betreffenden ihre Meinung ändern. Für alle drei Dokumente gibt es vorgefasste Formulare (zum Beispiel im Internet, bei den Krankenkassen, der Stiftung Warentest oder im Buchhandel), jedoch raten die Fachleute davon ab, weil sie zu allgemein gehalten seien. Stattdessen wird geraten, die Dokumente formlos auf einem Papier zu erstellen. Am besten handschriftlich und natürlich mit Datum und Unterschrift.

Bei der Beschäftigung mit diesem Themenbereich habe ich noch etwas für mich Neues dazugelernt: Jeder Patient und jede Patientin hat das Recht auf Einsicht in seine Krankenakte! Okay, das sollte eigentlich eine Selbstverständlichkeit sein, ich habe aber nicht den Eindruck, dass es das ist. Dieses Recht betrifft auch alle Befunde, Untersuchungsberichte und Röntgenbilder. Wird der Arzt gewechselt, dürfen wir den neuen Arzt bevollmächtigen, alle Unterlagen des vorigen Arztes anzufordern. Die Schweigepflicht, der alle im Gesundheitsbereich Tätigen unterliegen, hätte ich damit für den konkreten Fall aufgehoben. Diese Schweigepflicht des Gesundheitspersonals gilt übrigens auch allen Familienangehörigen gegenüber.

Puh! Das war jetzt aber ein Kraftakt für Sie und für mich. Dabei sind wir noch lange nicht am Ende. Wir müssen uns noch Gedanken machen, in welcher Form wir beerdigt sein wollen und was mit den Dingen, die wir zu vererben haben, geschehen soll. Eine Liste der Verträge (Versicherungen, Telefon, Miete, Zeitungsabonnements, Mitgliedschaften usw.), die nach unserem Ableben gekündigt werden müssen, erleichtert es den Hinterbliebenen ebenso wie eine Liste der zu benachrichtigenden Personen.

Die Beerdigung: Haben Sie schon eine letzte Ruhestätte? Wissen Ihre Hinterbliebenen das? Haben Sie Wünsche für die Feierlichkeiten? Für den Grabstein, für die Einladungen? Eine Freundin von mir hat all das bereits mit einem Beerdigungsinstitut abgesprochen und bezahlt. Das finde ich vorbildlich. Die meisten Menschen, die ich kenne, wollen das ihren Hinterbliebenen überlassen. Aber ich würde zu bedenken geben, dass dieses Verfahren viel Sprengstoff für Auseinandersetzungen jeder Art birgt. Haben die Hinterbliebenen hingegen genaue Anweisungen, brauchen sie sie nur noch ohne Diskussion auszuführen.

Es wäre auch sinnvoll, mit dem Aussortieren anzufangen. Ich finde es egoistisch, seinen Lieben allzu viel „Kürmel“ zu hinterlassen. Dass man das auch ganz anders sehen kann, erfahre ich von einem befreundeten Ehepaar um die 80: Sie haben sich soeben dazu entschlossen, ein neues Regal in ihrem Haus aufzustellen, um Ordnung in ihre Bücher-, Schallplatten- und CD-Sammlungen zu bringen. Es geht ihnen dabei ausdrücklich nicht darum, ihren Erben mehr Ordnung zu hinterlassen, sondern darum, sich selbst in den kommenden Jahren mithilfe dieser Ordnung das Leben zu erleichtern.

Ein Testament zu machen, gehört natürlich auch zur Vorbereitung dazu. Ein Testament gehört eigentlich zu jeder Phase des Lebens dazu, denn wie ich bereits sagte, kann einen jemand morgen am Tag beim Brötchenholen überfahren. Bedenken Sie die Alternative: Wenn Sie kein Testament hinterlassen, gilt die gesetzliche Erbfolge und die ist möglicherweise nicht das, was Sie gewünscht hätten. Außerdem geht die gesetzliche Erbfolge noch immer von einer ganz klassisch strukturierten Familie aus. Den vielen Patchwork-Familien unserer Tage kann sie kaum gerecht werden.

Ich selbst habe schon seit Jahrzehnten ein Testament, das ich übrigens regelmäßig überarbeite. Ein Testament zu schreiben, ist deutlich einfacher, als viele Menschen glauben. Der komplette Text muss handschriftlich geschrieben sein, obendrüber steht „Testament“ und untendrunter Datum und Unterschrift. Das ist alles. Sie müssen es weder von einem Notar beglaubigen lassen, noch beim Amtsgericht hinterlegen – es sei denn, Sie erwarteten eine größere Auseinandersetzung Ihrer Erben nach Ihrem Tod. In dem Fall wäre es wahrscheinlich sinnvoll, einen Testamentsvollstrecker zu bestellen, dessen Aufgabe es sein wird, für die wortgetreue Umsetzung Ihres letzten Willens zu sorgen. Immerhin landet jeder fünfte Nachlass vor einem Gericht.

Aber in den meisten Fällen wird die handschriftliche Fassung genügen. Insbesondere dann, wenn Sie sich bei der Abfassung die notwendigen Gedanken gemacht haben. Denn die inhaltlichen Entscheidungen, die Sie zu treffen haben, sind deutlich problematischer als die reine Schriftlegung. Bei der Frage, wer was bekommen soll, ist reifliches Überlegen angebracht. Vor allem ist zu bedenken, dass es ja gar nicht so sehr um weltliche Besitztümer geht, sondern um Gefühle: um uralte Verletzungen – häufig aus der Kindheit; um vermeintliches oder tatsächliches Vorgezogenwerden; um Neid und um Eifersucht. Das birgt Sprengstoff, der die Atmosphäre in Ihrer Familie noch auf Jahre nach Ihrem Tod vergiften kann.

Möglicherweise ist es eine gute Idee, das Thema offen mit Ihren Nachkommen anzusprechen. Zwar scheint der Tod immer noch ein Tabuthema zu sein, wie ich von vielen FreundInnen höre, aber im Interesse eines reibungslosen Vererbens sollte es das nicht. Mit „reibungslos" meine ich nicht so sehr, dass jeder Euro und jedes Erbstück geräuschlos an die Empfänger gelangt, sondern dass keine Verletzten auf einem Schlachtfeld zurückbleiben, das es nicht hätte geben müssen, wenn Sie zu Lebzeiten Ihrer Pflicht nachgekommen wären.

Vielleicht ist es auch eine Chance, unter dem Deckmantel des Testaments Dinge anzusprechen, die wahrscheinlich längst hätten angesprochen werden sollen. Bedenken Sie, dass uns nicht mehr viel Zeit dafür bleibt. Es hat die Beziehung zwischen meiner Mutter und mir deutlich erleichtert, als zwischen uns ausgesprochen worden war, dass ich nicht ihr Liebling war. Hingegen hat mir am Grab meines Vaters ein enger Freund von ihm erzählt, wie stolz er auf mich gewesen sei. Zur Überraschung des Freundes fiel ich aus allen Wolken. Mein Vater und ich haben gefühlte 40 Jahre unseres Lebens miteinander gestritten.

Gehen Sie nicht im Unfrieden von Ihrer Familie; Sie sind nachher tot; Sie werden nichts mehr davon merken; aber Ihre arme Familie wird den Unfrieden noch jahrelang in ihrem Herzen tragen. Es mag Gründe geben, das einem Menschen anzutun; es mag Dinge geben, die sich nicht verzeihen lassen. Aber diese Gründe müssten schon sehr triftig sein. Beim Gedanken an unseren Tod sollten wir uns Rechenschaft über diese Gründe ablegen.

Idealtypischerweise wissen wir selbst, wann der Zeitpunkt gekommen ist, an dem wir uns zurückziehen sollten. Von was auch immer. Ich bin aber unsicher, ob das überhaupt geht. Im Zusammenhang mit Autofahren haben wir wahrscheinlich alle schon die Erfahrung gemacht, wie schwer das ist. Bei einem meiner Väter waren wir Kinder uns einig, dass er nicht mehr Auto fahren sollte. Aber keiner hat sich getraut, es ihm zu sagen.

Da, wie ich mal gelesen habe, die überwältigende Mehrheit der AutofahrerInnen sich für besser hält als den Rest der FahrerInnen, weiß ich auch nicht, wie die gefährliche Situation zu entschärfen wäre. Die Automobilclubs bieten fahrpraktische Übungen für SeniorInnen an. Ich finde das eine tolle Idee, aber wie man jemanden dazu bringt – inklusive sich selbst – daran teilzunehmen, weiß ich schon wieder nicht.

Irgendwie baue ich da auf meine jüngeren Verwandten und FreundInnen. Sie werden sicher bemerken, wenn ich nicht mehr die Alte sein werde. Aber ebenso wahrscheinlich werden auch sie sich nicht trauen, es mir zu sagen. Ein abschreckendes Beispiel war für mich der allseits geschätzte Ex-Bundeskanzler Helmut Schmidt. Ich habe ihn zufällig in einem seiner letzten Fernsehauftritte gesehen. Ein liebender Mensch hätte ihn davon abhalten sollen. Die zwei anderen, jüngeren Männer in der Runde diskutierten auf einem anderen Niveau und in einer anderen Geschwindigkeit. Schmidts Äußerungen waren weitschweifig, unkonzentriert und uninteressant. Irgendjemand hätte ihm das ersparen sollen.

Aber auf so einer negativen Note möchte ich mich nicht von Ihnen verabschieden. Ich hätte Ihnen noch drei nachahmenswerte Beispiele für die gelungene Gestaltung des Alters anzubieten. Ein entfernter Verwandter von mir war weit in seinen 70ern, als er überraschend verwitwete. Seine Kinder machten sich große Sorgen um ihn, der noch nie allein gelebt, geschweige denn einen eigenen Haushalt geführt hatte. Sie boten ihm an zu wählen, zu welchem seiner Kinder er ziehen würde.

Stattdessen mietete er sich eine kleinere Wohnung, engagierte eine Putz- und Bügelhilfe, lernte Dinge im Haushalt zu machen, von denen er bis dahin keinerlei Ahnung gehabt hatte und besuchte regelmäßig einen Mittagstisch. Für die nicht ganz so Nahestehenden war nicht zu verkennen, dass er geradezu aufblühte.

In zwei literarischen Beispielen finden Sie dasselbe Verhalten thematisiert. In Bertolt Brechts Erzählung *Die unwürdige Greisin* ist es eine 72-jährige Frau, die sich allen Konventionen widersetzt, und in dem wunderbaren Roman *Erloschenes Feuer* von Vita Sackville-West ist es sogar eine 88-Jährige. In beiden Fällen sind die Kinder entsetzt darüber, dass alle gesellschaftlichen Normen über Bord geworfen werden und die beiden alten Frauen sich endlich in ihrem Leben das Recht herausnehmen, dasselbe nach ihren eigenen Vorstellungen zu gestalten.

Sie darin zu bestärken, Sie dazu zu ermutigen, war einer der Hauptgründe, weshalb ich dieses Gespräch mit Ihnen führen wollte. Welche Entscheidungen auch immer Sie für den verbleibenden Rest Ihres Lebens treffen mögen, ich wünsche Ihnen dabei Mut, Entschlossenheit, Realitätssinn, Selbstvertrauen, gute BeraterInnen und ein glückliches Händchen.

Lassen Sie es sich weiterhin gut gehen!

Weitere Bücher von Britta Zangen bei Bücken & Sulzer

Ab der Lebensmitte bewusst alleinzuleben, ist eine positive Alternative zur Zweisamkeit. Britta Zangen ermutigt Frauen, die Verantwortung für das eigene Lebensglück selbst zu übernehmen. Dabei räumt sie mit einer ganzen Reihe von Vorurteilen, Anerzogenem und Mythen auf.
ISBN 9783936405279
207 Seiten – 9,90 Euro

Dieser Titel ist leider nicht mehr lieferbar

Die Autorinnen dieses Sammelbandes liefern eine anregende Fülle der unterschiedlichsten Gedankenspiele.

ISBN 9783936405040
150 Seiten – 9,90 Euro

Frauen sind nicht dazu geeignet, Macht auszuüben? Gedanken über Macht und Gesellschaft aus Frauensicht.

ISBN 9783936405127
128 Seiten – 9,90 Euro